JN086373

アクティブ・ラーニング 実践集

林 仁大
Hayashi Jindai

鈴木映司
Suzuki Eiji

編

山川出版社

はじめに

　2020年度は，教育現場も歴史的転換期となる刺激の多い一年となりました。新型コロナウイルス感染症の予防対策は，臨時休校や年間計画の変更，部活動大会の中止など，誰もが経験のない事態となり，現在もまだ予断を許さない状況です。そして，生徒が様々な困難を乗り越え充実した学校生活を送ることができるよう，全国の高等学校がそれぞれ努力した一年でした。その一つが，オンライン授業など ICT の活用でした。たくさんの教師・生徒がこれらを初めて経験したことは，コロナ禍のなかでは数少ない不幸中の幸いと言える出来事ではないでしょうか。今後のさらなる ICT 教育の発展を考えると，リアル授業（対面授業）とオンライン授業の学習の違いや役割などを考え，例えば教室でのハイブリッド化を目指すなど具体的にスキルを磨かねばなりません。そして我々教師が Society 5.0時代の教育を本質から意識し，具体的にどのように授業に落とし込むかを議論し，まさにアクティブ・ラーニングとなる新たな授業を創造する必要があります。

　また，2022年度より施行される学習指導要領の改訂も間近に迫ってきました。まもなく各校で教育課程が決定し，いよいよ具体的な学習方法を検討する時期に入っていることでしょう。授業力向上が叫ばれるなか，今の「地理 A」「地理 B」の授業計画とともに，「地理総合」「地理探究」も念頭に置いた2021年度といったところでしょうか。そして，これら世の中の流れのなかで，我々地理の教師の，地理の専門性を伝え地理的な見方・考え方を育むという責務は当然ながら続きます。

　本書『アクティブ・ラーニング実践集　地理』は，生徒が，どのように学ぶか，何を学ぶか，そして何ができるようになるか，を授業中に表現し，生徒を「主体的・対話的で深い学び」へ導くことを目指して，各々の教師がこれまでの経験を礎に工夫し実践した事例を集めたものです。

　目指す授業像を具現化することは，教師を何年経験していても本当

に難しいことです。今，現場に向けて数々の授業手法が紹介されています。それを目の前の生徒のために有効活用することは，容易ではありませんが，大切なことです。生徒にどのようにして求める力を身に付けさせるか。何を「親切」にして何を「不親切」にして授業をするのか。生徒のモチベーションをどのように高めながら学習へ向かわせるのか。皆さんの様々な思いに対し，本書の実践例が少しでも考えの整理に役立って，授業実践・授業改善の具体的な第一歩となれば幸いです。

　本書の上梓前に，既に『アクティブ・ラーニング実践集　日本史』『アクティブ・ラーニング実践集　世界史』が刊行されています。これら姉妹本には，授業改善を行おうとしている読者の皆様，あるいは教職を目指そうとしている読者の皆様に，冒頭，次のようなメッセージが記されています。

①掲載されている授業の内容は，執筆者が勤務校で目の前の生徒との活動を通して行っているものです。

②したがってこの本を読む方々がその授業の内容をそのまま真似をして行った場合，うまくいかないことがほとんどであると思われます。

③そのため，本書をマニュアルとして利用することはお薦めしません。エッセンスを感じ取るなどしていただき，使えそうな部分を活かして授業の改善をはかる材料として利用されることをお薦めします。

④目の前の生徒のため，ご自身が担当される授業をより良くするための叩き台としてお使いください。

本書のスタンスもこれと同様です。

　執筆者・編者の思いから，バラエティーに富んだ実践がそろいました。本書『アクティブ・ラーニング実践集　地理』が，教師の皆さんの道標となり，授業を受けるそれぞれの生徒の皆さんの学びの推進力となれば幸いです。

編　者

アクティブ・ラーニング実践集　地理

目次

> ── コラム ──
> ①　フィールドワークの行き先の決め方　8／②　もしも専門外の私が地理を担当することになったのなら　15／③　「地理」と「探究」について　23／④　これって当たり前？ 生徒の感覚に向き合おう　32／⑤　グループワークの活性化に向けた仕掛け　41／
> ⑥　地域の教材化　生徒の興味関心を引き出す仕掛け　50／⑦　自分の趣味も「ネタ」にして授業に活かそう　64／⑧　評価の仕方　72

『アクティブ・ラーニング実践集　近代・現代』の構成（2021年3月刊行）

アクティブ・ラーニング実践集

地理

GISを活用したフィールドワーク
─地域調査と地理総合でのGIS活用を試行する─

··· 市川雅歳

▨▨▨ 目標

　新学習指導要領の地理総合ではGIS(地理情報システム)の活用が,「国際理解と国際協力」「持続可能な地域づくりと私たち」とならび, 3つの柱の一つになっている。本実践では, ソフトをダウンロードしなくても使用できるGISをとおして, 生徒が気軽に地理に関する正しい情報を得ることができるようにする。そして, 調べたうえで実際にみにいくことで, 情報と実際を結び付けて考えることができるようにする。GISについて教えていただいた伊能社中の方は「地理は一目瞭然」とおっしゃっていた。実際にみることが, 地理学習には有効である。地域を観察する目を養えば, それを自分の住んでいる地域や進学先, 職場の周囲の地域でも活用でき, 生涯学習にも繋げることができるだろう。

▨▨▨ 授業の流れ

　事前学習に1時間, フィールドワーク(以下, 野外調査)に1時間。授業内での野外調査の実施が難しい場合は, 事前学習の部分だけをおこない, 野外調査の部分は長期休業中の課題とすることも考えられる。

【事前学習】

導入[10分]　地域調査とはどのようなものか

展開1[20分]　新旧の地形図の比較

展開2[20分]　色別標高図(断面図・3D)の作成

【野外調査】

導入[5分]　諸注意

移動[5分]

展開1[20分]　石碑の観察・写真撮影もしくはスケッチ

移動・集合[5分]

展開2[10分]　野外調査内容の確認

帰校[5分]

授業展開のポイント

【授業準備】

野外調査をおこなうために，学校周辺にどのような場所があるかを，教員が事前に調査する。

【事前学習】

今回紹介する GIS はパソコンのほか，タブレット端末やスマートフォンでも使用可能である。

導入［10分］　地域調査とはどのようなものか

地理 B 教科書の地域調査の節をまとめさせ，地域調査の手法を理解させる。かわりに教員による講義をおこなっても良い。要点は地域調査には文献調査と野外調査の 2 つがあり，今日は文献調査をおこない，次回は野外調査をおこなうという流れを理解させることにある。

ここからが GIS の活用になるが，プロジェクターに，パソコンの画面を投影させながら使い方を説明する。教員 1 人でやり方がわからない生徒全員に対応するのは難しい。その旨を最初に生徒に伝え，わからないときは教え合いをするように指示する。グループにして机をくっつけたり，席の移動を自由にしたりしておいて，教え合いをしやすい環境をつくる。

展開 1［20分］　新旧の地形図の比較

以前は，旧版の地形図は国土地理院に申請して入手するしかなく，窓口に出向くか郵送してもらうかで，費用と手間がそれなりにかかった。しかし，今は今昔マップがあるおかげで簡単に新旧の地形図を比較することができる。

GIS とは，簡潔にいえば現在の地図や空中写真・昔の地図・標高・店の位置などのデータを重ね合わせて表示するものである（図 1）。時系列地形図閲覧サイト「今昔マップ　on the web」（http://ktgis.net/kjmapw/〈最終閲覧日：2020年10月22日〉）

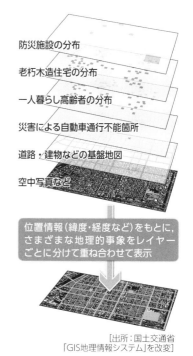

防災施設の分布

老朽木造住宅の分布

一人暮らし高齢者の分布

災害による自動車通行不能箇所

道路・建物などの基盤地図

空中写真など

位置情報（緯度・経度など）をもとに，さまざまな地理的事象をレイヤーごとに分けて重ね合わせて表示

［出所：国土交通省「GIS地理情報システム」を改変］

図 1　GIS のしくみ

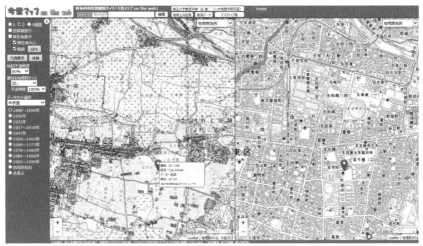

図2　今昔マップ（「今昔マップ on the web」より）

は，現在の地形図の上に昔の地形図を重ね合わせているので，地図不透明度を100％からさげることによって，現在との比較をしやすくすることもできる（**図2**）。

　地図記号の学習を，前の時間にやっておけばそれを実際の地図で活用する演習にもなる。地図記号の暗記テストなどを実施することもあるだろうが，実際の地図の読み取りのなかで活用しないと定着はしていかない。地図記号は時代によって移り変わっているので，国土地理院ホームページの「地図記号の移り変わり」（https://www.gsi.go.jp/common/000044983.pdf〈最終閲覧日：2020年8月3日〉）を印刷して配布しておくと昔の地形図を読み取るうえで参考になる。

　土地利用がどのように変化してきたかを読み取とらせて，ワークシートに記入させる。また，現在の土地利用についてわかったことも記入させる。

展開2［20分］　色別標高図（断面図・3D）を作成してみよう。

　地理院地図（https://maps.gsi.go.jp〈最終閲覧日：2021年2月1日〉）を用いる。最初に，学校名を入力して検索をかける。モバイル版では右下のアイコンを押して現在地にたどり着くこともできる。

　本校が位置する愛知県尾張地方は，木曽三川が作り出した濃尾平野が広がり，東部の丘陵地を除いて，普通に生活しているうえでは土地の高低差を意識することが少ない土地柄である。地形図で等高線をみても，等高線の間隔が広すぎて高低差を意識することが難しい。

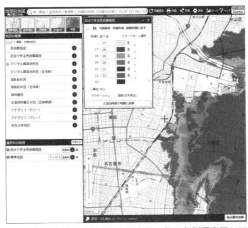

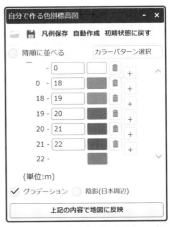

図3　地理院地図で作成した「自分で作る色別標高図」(国土地理院より)

図4　「自分で作る色別標高図」のパラメータ(国土地理院より)

　こういう土地で高低差を知るには,「自分で作る色別標高図」を使用する(**図3**)。画面左上の「地図」から「標高・土地の凹凸」,さらに「自分で作る色別標高図」を選ぶ。高低差が激しい地域では「色別標高図」を選んでも見やすい地図になるが,比較的平らな地形の場合,同じ色が全体にぬられ高低差がわかりにくくなるためである。画面下左の矢印➚を押すと地図中央部の標高が出てくるので,その場所の標高がわかる。その数値をはさむように1mごとに区切って色別標高図をつくってみる(**図4**)。そうすると,比較的起伏に乏しい地域でも高低差がわかる地図ができる。生徒に作成させてスクリーンショットを撮らせ提出させる。色別標高図を単純につくるだけではなく,その地図から読み取れることを分析させるとさらに良い。初期状態の色のままだと,赤の色が多く出すぎて見やすい地図にならないことも多い。自由に色を変えられるので,生徒の芸術性が発揮できる場になる。何も指示を出さなくても,航空写真の上に色別標高図を重ねるなどさまざまな機能も使いこなしてくる生徒もみられる。

　ほかにも画面右上の「ツール」から「断面図」や「3D」を選ぶことでその土地の起伏を知ることもできる。3Dの場合左下で「高さ方向の倍率」が9.9倍まで変えることができるので,起伏に乏しい場所では最大まで倍率を大きくしてみるとわかりやすくなる。さまざまな向きに回転してみると観察しやすい。

　GISというと,GISソフトを使用して統計数値から地図を作成したり,つくった地図を分析したりするところまでいかないといけないと思い込みがちであ

る。このレベルまでいけるのが理想ではあるが，パソコンが無いとできなかったり，ソフトによっては有料であったりするので生徒に使わせるのはハードルが高い。今回紹介したものや，Google Map や Google Earth・Yahoo! 地図など，比較的容易に使用できるものから始めてみるのはいかがだろうか。

【野外調査】

　今昔マップで本校の周辺をみると，戦前は「兵器支廠」があったこと、近くの鉄道から引き込み線が伸びていたことがわかる。校地の近くの公園に戦争に関する複数の石碑がある。本稿では，学校周辺の地域について知るために石碑の観察をおこなった授業を紹介する。

導入［5分］　諸注意

　野外調査の要項を配布し，何のための授業なのか，レポート作成に必要な観察のポイント，野外調査中に注意すべきこと，してはいけないことなどを確認する。座席に座っての授業では無いので，出欠点呼も重要である。

移動［5分］

　学校に戻る前に一度集合する場所で立ち止まり，集合時間を伝える。

展開1［20分］　石碑の観察・写真撮影もしくはスケッチ

　石碑を生徒自身で探させ，観察させる。普段，通学中に公園をとおる生徒もいるので，ほどなく場所はわかる。スケッチもしくは写真をレポートに添付するように要項に記入してあるので，生徒は写真を撮る。本校では iPad を導入しているので，写真を撮って満足してしまう生徒もいる。レポートを書くときに，写真をみて碑文を読むのではなく，その場で理解させるように教員は声かけをする。「この場所は以前何があった場所ですか？」「なぜこの石碑が建てられているの？」などの問いを投げかけ，生徒と問答をおこない考えさせる。石碑の裏にも情報が記されていることに気が付かない生徒もいるので，そのことも指摘する。

移動・集合［5分］

展開2［10分］　野外調査内容の確認

　今回の野外調査でわかったことを確認する。展開1で生徒に声かけをするものの全員とはできない場合もあるので，最後に，学校を含め周辺が以前どのような場所だったのか，なぜこの石碑が建てられたのかを，生徒に発問しながら確認する。引き込み線の跡にできた道が，生徒の主要な通学経路になっているので，その場所を確認する。

また，この地域は石碑がある大規模な公園の周囲に病院，公立中学校2校，盲学校，聾学校，公務員宿舎，大学など公共施設が集中している。公園だけでなく，この全域が「兵器支廠」などの軍隊関係の施設であったことを伝え，この地域がどのような場所だったのかを生徒に理解させる。

帰校[5分]

評価の方法

　事前学習についてはワークシートを提出させる。わかったことを1つ2つあげて満足する生徒もいる。多様な視点から気が付いたことがあげられているかどうかで評価する。また，地理院地図を使って作成した色別標高図も提出させる。

　野外調査については期日を定めてレポートを提出させる。野外調査の要項に記入すべき事柄を明示して生徒にも配布してあるので，それらの条件をすべて満たしているかとレポートのクオリティで評価を決める。記載すべき事項は，①野外調査をおこなった場所の地図，②石碑の写真もしくはスケッチ，③行ったことで確認できたこと・新たにわかったこと，の3つである。条件を満たしたものを書くことは，それほど難しくないと思われるかもしれないが，意外とできない。大学入試の書類を作成する際にも，要項を自分で読んでそのとおりに書類を仕上げる能力は必要になるので，要項を示してそのとおりにやるという訓練が有効だ。クオリティは分量と高校生らしい内容かどうかも含めてA・B・Cの3段階で判断している。分量が多ければいいわけではないが，少なすぎるものは評価できない。すべて平常点の一部としている。いいレポートを印刷などして配布するのもいい。どのようなレポートを作成すれば，評価が高まるかを伝えることで，全体のレベルアップにも繋がる。

【参考文献】
牛山素行著『防災に役立つ　地域の調べ方講座』(古今書院，2012年)
松岡路秀・今井英文・山口幸男・横山満・中牧崇・西木敏夫・寺尾隆雄編『巡検学習・フィールドワーク学習の理論と実践：地理教育におけるワンポイント巡検のすすめ』(古今書院，2012年)
長谷川直子編『今こそ学ぼう　地理の基本』(山川出版社，2018年)

コラム①

フィールドワークの行き先の決め方

市川雅歳

　フィールドワーク(以下，野外調査)の行き先を考えるのは中々難しい。地理が専門の教員以外は，教員自身が受けたことがない授業スタイルだからだ。授業を2時間連続にして実施ができれば良いのだが，時間割変更が難しいため，1時間単位でおこなう「ワンポイント巡検」をおこなうのが現実的である。そうすると，学校の周囲だけで野外調査に適した場所を見つける必要があるため私も四苦八苦してきた。野外調査の行き先を決めるヒントとなる視点を以下に述べる。

①地形

　本校であれば，北西の端が名古屋城から始まる台地の北の端に近いところにある。地図記号で崖になるほどの急斜面ではないが，学校から400〜500 mほど北に行った地点で一気に4〜5 mほど下がっている。そういったその地域で特徴的な地形を観察しに行ってみるのはどうだろうか。清明山や谷口という地名は本当に山で谷なのかを見にいったこともあった。日本の平野は沖積平野が多いので，自然堤防や旧河川の跡などが観察しやすい。

②地図記号

　官庁街でもないのに官公署の地図記号があったり，三角点の地図記号を見つけたり，そういう地図記号の場所を実際に見にいってみるのはどうだろうか。三角点や水準点の場合は，測量に使われたものなので，見晴らしの良い場所にあるのか，破損しないようにどのような工夫がされているのか，どんな場所に設置されているのかなどを観察することができる。

③防災

　ハザードマップなどを読取り，実際に危険そうな場所を観察してみる。多くの人は普段多少の高低差は気にしていない。本校は台地の上にあるので，周辺の地域は水害とは無縁のような気がする。しかし，台地のなかでも周りに比べて低かったり，くぼ地になっていたりする場所には水が貯まりやすい。低い土地では，標高や津波などの到達した高さが書いてあるところをみてみるのも良いだろう。

④記念碑

2019年に新しい地図記号「自然災害伝承碑」が制定された。災害に限らず碑を見にいってみると地域について知ることに繋がる。

⑤地域の特徴

つぎのような視点をもって地域を観察し，同じ地域内でも場所によって変化している部分や他地域と比べて特徴的な部分を探し，観察してみる。

●建物の形状・使われ方(どのような建物が多いか?〈一戸建て，マンション，ビル〉／1，2階と3階以上など階による使われ方の違い／何階建てか?〈中，高層建築の場合，日照権の関係で建物の高さが場所によって異なる。容積率などの関係で公開空地など建物がない空間が取られている〉／駅周辺と離れたところでの建物の高さや使われ方の違いなど)
●特徴的な建物(ランドマークや文化財，寺社など)
●交通(バス路線があるか・その頻度／車の通行量・駐車車両／歩行者の交通量／自転車の交通量)
●商業(どのような種類の店がどれくらいあるのか／飲食店／小売り〈コンビニ・スーパーなど種類別に〉／サービス業〈医院・美容院など種類別に〉)
●農業(畑や水田の分布／どのような作物をつくっているか)
●高低差

⑥学校の案内地図

どの学校もホームページやパンフレットなどに最寄り駅などから学校までの地図が載っている。学校の地図がわかりやすいかどうか，改善すべき点はないかという視点でみてみる。本校は，大通りに面しているわけでもなく，どの駅からの道順も単純ではないため見学会や受験時に迷う生徒もいる。だれにとってもわかりやすい地図を作製するにはどうすれば良いかという視点で，地域調査をすることも可能だ。また，地図を作成することで，地域の特徴もわかってくる。

⑦地理の授業中に校外に出かけること自体が難しい場合

学校からみえる景色をみるという方法がある。学校は建物が高いところが多く，丘の上にある学校もある。最上階に登れば，見晴らしがきき，周囲の地形を観察するにも適している。また，1年生のオリエンテーション合宿を地域調査に変えている学校があるようだ。そこまで大々的におこなうのが難しくても，遠足や修学旅行に行く前にその地域の地誌について事前学習をおこなったうえで，生徒に現地で観察をさせレポートを作成させるのも，現実的に取り組みや

すい。

　どのような野外調査にするにせよ，調査を通じて最終的には生徒自身が，その地域のかかえる問題やその解決策について考えるきっかけになるかという視点をもって行き先を考えたい。

【参考文献】
松岡路秀・今井英文・山口幸男・横山満・中牧崇・西木敏夫・寺尾隆雄編『巡検学習・フィールドワーク学習の理論と実践：地理教育におけるワンポイント巡検のすすめ』(古今書院, 2012年)

ケッペンの気候区分を客観的指標で確認する
―気候区分をデータと実際との相関によって定着させる―

…… 小田切俊幸

目標

　気温と降水量のデータをもとにしたケッペンの気候区分はほとんどの教科書に掲載されている。ケッペンの気候区分は植生に着目しているので農牧業との関連が強く，農業地域区分にも関係してくる。気候区分の学習は，自然環境を基盤として，それぞれの地域でどのような人間生活が営まれているのかを考えさせる地理学習の根幹となってくる。

　本実践は，気候区分を理論的に把握させることを目標としている。気候区分を生徒に把握させるためによく用いる方法としては，ワークブックなどでの色塗り作業をおこなうことがあげられるが，その作業が一過性の作業とならないように工夫したい。生徒にとってはある意味，画像でしかない気候区分の位置関係を，ケッペンの気候区分の単元のまとめとして，緯度を軸に学習内容から再構築させて，生徒が必要なときに思い浮かぶよう，再現可能性を高めることが実践の目的となっている。

授業の流れ

　統計資料集などに掲載されている「大陸別気候区の割合」の表をもとに，各大陸名をア～カの記号に置き換え，プリント（**図1**）を準備する。以下，導入から振り返りを1時間（約50分）でおこなう。

導入　講義形式で気候要素が気候因子の影響を受けて変化することを確認する。とくに緯度の影響は大きいが，西岸気候や東岸気候など，緯度以外の気候因子にも影響を受け，気温や降水量はそれぞれの地域でさまざまな違いがあることを確認する。

展開1　「大陸別気候区の割合」のプリントを配布し，表中のそれぞれの大陸名を生徒各自で考えさせる。

展開2　ケッペンの気候区分で用いられている記号の意味を復習させ，もう一度各自で考えさせる。その後，4人のチームをつくらせて意見交換をさせる。最後にいくつかのチームに発言させて，クラス全体で共有させる。

次の表は，大陸別の気候区の割合を示したものであり，表中のア〜カはユーラシア大陸・アフリカ大陸・オーストラリア大陸・北アメリカ大陸・南アメリカ大陸・南極大陸のいずれかである。それぞれどの大陸であるのか，答えよ。

区分	陸地全域	ア	イ	ウ	エ	オ	カ
Af	9.4	3.5	19.8	2.8	26.9	7.9	—
Aw	10.5	3.9	18.8	2.4	36.5	9	
BS	14.3	15.9	21.5	10.7	6.7	25.8	
BW	12	10.2	25.2	3.7	7.3	31.4	
Cw	7.5	9.6	13.1	2	6.7	6.8	
Cs	1.7	2.2	1.3	0.8	0.3	7.9	
Cf	6.2	5.7	0.3	10.7	14	11.2	
Df	16.5	25.8	0	43.4	0	0	
Dw	4.8	13.4	0	0	0	0	
ET	6.4	9.8	0	17.3	1.6	0	3.6
EF	10.7	0	0	6.2	0	0	96.4

自分の答え	当てはめた順番	チームの答え	そのように考えた根拠
ア	→		
イ	→		
ウ	→		
エ	→		
オ	→		
カ	→		

わかったこと

わからなかったこと

2年　　　組　　　番　氏名

図1　大陸別気候区の割合のプリント（表は H.Wagner）

振り返り　各自で答えを出すための根拠と論理の有用性を振り返らせ，展開1で書いたものを見直し，答えがなぜそのようになるのかの根拠を整理させる。

授業展開のポイント

プリントのア〜カを同時並行的に特定させるのではなく，統計を分析し，手順を踏まえて，まずは地図帳などは何もみずに，確実にあてはめられるものから，確定させていくことを促す。なるべく客観的な事実（緯度など）をもとに考えさせる。この際決して，地図帳などに記載がある気候区分の地図はみないように注意する。生徒自身で考えているあいだは教師はできるだけ答えや直接的なヒントをいわないようにする。答えに詰まっている生徒やチームにはケッペンが赤道からどのような基準で気候を区分し記号を割り振ったのかを思い出させる。クラス全体で共有した際に，ほかのチームの答えの導き方と，自分たちの導き方との相違を比較させる。

想定される説明の例

ア〜カに大陸を当てはめていく前に，表からア〜カの特徴を把握する。カにはEFとETしかなく，カ以外ではウにのみEFがある。Dwはアにのみ，Dfは

アとウにのみ存在する。大陸に占める BS と BW の割合がもっとも大きいのがオ，Af と Aw の割合がもっとも大きいのがエである。このように，まず数値の有無と大小に注目させる。

　表中のカは寒帯（E）しかみられないことから，南極だと多くの生徒が正解にたどり着ける。

　ア～オについてはアとウは冷帯（D）の有無で多くの生徒がヒントなしに北アメリカかユーラシアであると判断できる。D はほぼ緯度60度付近に分布するが，南半球にはこの緯度帯に大陸がないことから，D がある大陸はこの緯度帯に陸地が存在するユーラシア大陸か北アメリカ大陸に限定される。この 2 つの区別は，より面積が広いユーラシア大陸の内陸は海洋の影響を受けにくいため，とくに冬季に強力な高気圧が発達しやすく，降水量が少なくなることから，Dw があるのはユーラシア大陸であると判断し，アがユーラシア大陸，ウが北アメリカ大陸とわかる。

　イ，エ，オについては，的外れな間違いが多く見受けられる。そのような生徒には，残る 3 つの大陸のかたちや位置する緯度帯，特徴的な地形を思い出させる。イ，エ，オのなかで，熱帯（A）の占める割合がもっとも小さいのがオである。A は赤道付近に分布するが，残り 3 つの大陸のなかでオーストラリアだけ赤道が通過しないので，オがオーストラリア大陸であるとわかる。また，オーストラリア大陸はほぼ南緯20度から南緯30度に分布しているので，亜熱帯高圧帯の影響を受け乾燥帯（B）の割合が高いことも判断の一助となる。イとエに関しては，それぞれの大陸が位置する緯度帯をもとに区別する。イのほうが B の割合が大きく，エは A が半分以上を占めていることに注目する。2 つの大陸のあいだにプレートの広がる境界があり，かつては両大陸が陸続きだったことを踏まえ，ブラジル北東部とギニア湾の位置関係から，赤道沿いに陸地の大半があり，そこにアマゾンの熱帯雨林が広がる南アメリカ大陸がエとなり，北緯20度から北緯30度付近に陸地が広く存在して，そこに世界最大のサハラ砂漠があるイがアフリカ大陸であるとわかる。

生徒の感想（複数の生徒があげたもの）

・数値をたんに覚えるのではなく、有無や大小に着目すればいいことがわかった。

・冷帯（D）の分布で，北半球か南半球かの判断できたが，南半球の判断は難しかった。

・南半球の大陸の特定が難しかったが，地形分野の復習にもなった。

・温帯(C)をもとに判断するのが難しかった。

・緯度を軸に考えていくことがわかった。

・赤道や北緯30度、北緯60度などが大陸のどのあたりをとおっているのかをしっかり把握しておこうと思った。

▬▬▬ 評価の方法

ワークシートの下欄に「わかったこと」と「わからなかったこと」を整理しメタ認知を深めることを促す。この欄以外にもチームでの活動(共有する際の発表者，話し合いを進める司会者を決めさせて活動させる)を重視し，机間巡視をするなかで，意欲的に取り組んでいるかどうかを観察しておく。

クラスでもっとも上手くいった者を抽出して共有するという評価の仕方もあるが，そのようなことを繰り返すと生徒は受け身になりほかの生徒に期待するようになり，自己の成長の可能性を信じなくなったり，正解さえすればいいと考えてしまったりしてしまうので，失敗を恐れずにまずは自分自身の考えた過程を記録し確認するよう伝える。自分自身も成長していることを実感する工夫として，他人の説明から学んだことを参考に再度各自で説明文を訂正させる。この活動によって取り組む前と，取り組んだ後で自分にどのような変化があったのかを振り返り活動をとおして培った学習のプロセスから成長を実感できる。

今回扱っている授業の統計と問いは比較的一般的なものであるが，ちょっとした活動の方法と評価の工夫を加えることによってより幅広い学びの可能性を埋め込むことができる。

【参考文献】

坂本勉『坂本のスーパー暗記帖　ジオゴロ地理　四訂版』(学研プラス，2015年)

データブック入門編集委員会編『データが読めると世界はこんなにおもしろい：データブック オブ・ザ・ワールド入門』(二宮書店，2020年)

もしも専門外の私が地理を担当することになったのなら

小田切俊幸

　地理が高校教育で必修化される2022年4月も目前となった現在，それぞれの学校での教育課程の検討が進み，歴史や公民が専門だが，地理を担当することになった先生方のなかには，地理を担当することへの抵抗感やアレルギーがある方もいらっしゃるのではないかと推察する。歴史が専門の先生方のなかには，公民は教えられるけれど地理は教える自信がないとお考えの先生も多いのではないか。数名の歴史が専門の先生方にご意見をうかがったところ，抵抗感とまではいかないにしても，とくに理科的な部分とのかかわりが強い自然環境を教えることや，地形図を取り扱うことへの不安や自信のなさを感じた。同じ社会科(地理歴史科)といえども，歴史と地理のあいだには高いハードルがあるように感じている。

　しかし，地理的な事柄のうえに歴史的事象が起こっていることを踏まえれば，抵抗感は薄れるのではないだろうか。例えば，モンゴルに本拠地をもつ遊牧民が幾度も南方に遠征した背景には，モンゴルが乾燥地域であるため永続的な農耕が困難であったことがある。また，帝政ロシアの南下政策は不凍港の確保が大きな理由であった。こうしたことからも，自然環境を基盤として，歴史的な事象が起こっているといえる。

　教員の役割自体が，「教える」ことから「繋ぐ」ことへ軸足が移ってきていることを考えれば，生徒の興味関心と授業，ニュース報道で取り上げられるできごとと授業，地域と授業を繋ぐことで地理の授業として十分成立すると考える。デジタルネイティブ世代にとっては身近であるともいえる Google Earth や Google map などのデジタル地図や，YouTube などの動画コンテンツを活用すると私たちの勉強になるし，生徒の興味関心を高めることも可能である。必要以上に肩に力をいれる必要はない。

　生徒は，納得解が今まで以上に重要になる社会に出ていく。教員にとっては，教科書の内容のみを教えていればいい時代ではない。「今まで」を踏まえ，「これから」を生徒に考えさせる役割を担うといっても過言ではない地理歴史科教員としては，地理的な事柄を踏まえることは，歴史の授業の充実にも繋がるのではないか。

実践 **3**

我が国の風土の恵みと損失
―「自然環境の特性」―

.... 鈴木映司

目標

　地域理解の基礎となる「自然環境の特性」を整理・言語化し，生徒自身を育む地域に対する理解を進めさせる。知識を構造化しながら他者と相互に多角的考察を加え文章化する。お互いが学んだことを共有し活用させる。

　地域には，地域的特色を踏まえ，自然環境を活用した人々の営みがある。ここでの学びは，自らの生命を守り各地の災害の被害の予測・被害の軽減にも役立つ。さらにポジティブに良い未来のイメージに結びつけさせたい。

　学習を持続可能な社会づくりに向けて，「地域理解」の深化と「幸せに生きる」ための智恵に繋げたい。

授業の流れ

ねらいと流れ

　本実践は Mission 1〜11 からなる。それぞれにおいて**図 1** で示す手法を用い

図1　本実践で使用する授業の手法とそのねらい

ねらい	手法	手法の説明	使用している Mission
導入	ネイチャーゲーム	自分の背中に貼った「ネームカード」を Yes か No でしか答えられない質問を繰り返し解明する。	Mission 2
深化	ジグソー法	エキスパート班とジグソー班の交互の活動でジグソーパズルを解くように協力して全体をつくりあげる学習手法。	Mission 6・7
深化	文章化	自分の担当する課題に対して「ネームカード」を使った説明文を指定字数以内で作成する。(個人→グループ→個人)	Mission 4・5
深化	作図による構造化	「ネームカード」を黒板に貼って，説明文の構造をグループ内で可視化しながら検討する。	Mission 3
振り返り	形成的評価	課題に対する各自の考えを，「授業を受ける前」と「授業を受けた後」に記述しその変化を確認する。	Mission 1・9
振り返り	客観テスト	グループで知識の抜け漏れを防ぐための穴埋め問題を協力して解く。	Mission 8
振り返り	リフレクションシート	授業の感想・要望・発見したことなどを質問用紙に簡単に記入する。自己チェック方式と記述方式を併用している。	Mission 11
発展	パフォーマンス課題	授業をとおして身につけた知識・技術を活用して，さらなる課題に挑む。課題は生徒自身で生み出すことも促す。	Mission 10

ている。

授業の全体の概要

　既習事項を補足的なキーワードを使って文章化し，我が国の自然環境の概要を捉え，どのような恩恵と脅威が自然によってもたらされているのかを学ぶ。

　筆者の実際の取り組みはICTを活用した[1]，予習・グループワーク・形成的評価・発展課題を交互に織り交ぜた複雑な構造となっている（ここではプリントと黒板で導入できる手法を取り上げてみた）。準備としてネームカードとクリップまたは紐，プリントが必要となる。

　筆者は，2年次の1学期末のまとめとして2時間で実施している。

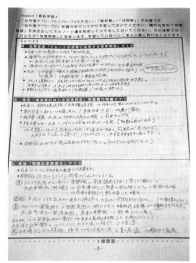

図2　Mission 0 の予習プリント

授業展開

　授業前までに予習として（**Mission 0**）教科書の内容を整理するための予習用プリント（**図2**）を配布し記入を促す。「つぎの授業で皆さんは魔法によって「地理用語」にされてしまいます！」というアナウンスもしておく。

【1時間目】

Mission 1［5分］

　「我が国の風土がもたらす恵みと損失について自然の特徴と関連づけて述べよ」という問いに事前に答えさせる。

Mission 2［20分］

　活動のルール（**図3**）を説明し，各列の最後尾の生徒を呼んで教師が「地理用語」の書かれた「ネームカード」を背中につける。生徒は自分の列に戻り，うしろから順に列の生徒の背中につけていく（**図4**）。活動のスタート後，生徒は制限時間内に自分の背中の札が何という「地理用語」なのかを尋ね歩く。相手は「Yes」か「No」でしか答えられない。わかったら教師に告げ，正解者は札をはずして黒板に貼り，残り時間はまだ正解していない生徒を支援させる。

Mission 3［5分］

　「ネームカード」はA地帯構造，B地形，C気候の3つの項目ごとに同じ

図3　活動のルール

図4　ネームカード　裏面の
磁石で黒板にも貼れる

図5　「キーワード」となる地理用語と項目

図6　用語を配置して知識を構造化・可視化

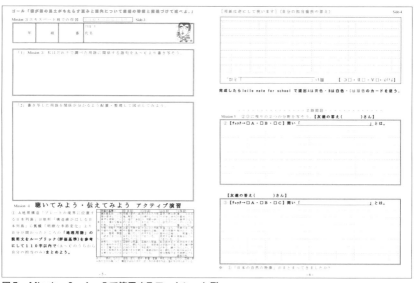

図7　Mission 3・4・5で使用するワークシート例

18

色・記号をつけておき（**図5**），事前に黒板に決めておいた場所に貼り付けさせる（**図6**）。

Mission 4［20分］

　作業前にワークシート（**図7**）を配布する。「ネームカード」が同じ色・記号であった生徒で班（エキスパート班）をつくり，「カード」を使って「地理用語」を構造化させる。3項目のうち自分の「ネームカード」にかかわる項目を「ルーブリック」（**図8**）を参考に110字以内でまとめて教員に提出させる。ここで，1時間目は終了である。教員は提出された文章を添削しておく。

図8　言語活動部分「文書作成に関する「ルーブリック」による評価」

	評価の基準→	◎（3点）	○（2点）	△（1点）	×（0点）
文章作成スキル	【理解】※¹問題が要求している事柄を理解しているか・適切な解答を戻しているか？	□問題の要求に正しく答えている。□幅広く多面的にとらえバランスも良い。	□指示された内容は満たしている。□視野が狭いままはバランスが悪い。	□質問の読み取りが甘く欠けている。□独善的	□要求している事柄ではなくズレている。書いていない。□独善的
	【知識】【資料】用語や史料を正確に構造化・整理・調整・統合できているか？	□8〜10個の用語を整理・統合し正確に活用している。□資料も活用している。	□5〜7個以上の用語を正確に活用することができている。□資料も活用している。	□3個以上の用語が仕様する事ができている。□資料も活用している。	□正確に活用されている用語が3個未満である。□資料活用がない。
	【表現】※²指定された条件のなかで工夫し正確でわかりやすく説得力ある文章となっているか？	□結論が述べられている。□国語的な間違いがない。□指定条件を満たしている。□全文が論理的な文章になっている。	□結論が述べられている。□国語的な間違いはない。□指定条件を満たしている。□論理的な文章である。	□結論が述べられている。□誤字脱字がある。□字数の過不足がある。□一部論理的な文章になっていない。	□結論が述べられていない。□誤字脱字が多く字も雑で読みにくい。□字数が半分以下。□全文が論理的ではない。
	期限までに提出　□済み　・　□間に合わなかった				

※1「要約」なのか「過程・変化・関係・影響・意義・特徴・比較」なのか，図表の読み取りなのかなど。※2構造がわかりやすく述べ方の手順や作法・進め方が守られている。

【2時間目】

Mission 5［15分］

　担当しなかった残る2つの項目について教員の添削の結果を参考にワークシートの空欄に写し取らせる。（お互い写しやすいように一部分逆転している。）

Mission 6［10分］

　まず，各自ここまでの作業で得た知識を使い「我が国の自然のもたらす恩恵と損失」を考えシートに書込ませる（**図9**）。つぎに前回の班（エキスパート班）で再度集まらせ，各自の知識を持ちよらせる。

Mission 6-7

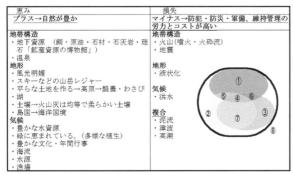

恵み プラス→自然が豊か	損失 マイナス→防犯・防災・軍備、維持管理の労力とコストが高い
地帯構造 ・地下資源　（銅・原油・石材・石灰岩・珪石「鉱産資源の博物館」） ・温泉 **地形** ・風光明媚 ・スキーなどの山岳レジャー ・平らな土地を作る→高原・酪農・わさび ・湖 ・土壌→火山灰は均等で柔らかい土壌 ・島国→海洋国境 **気候** ・豊かな水資源 ・緑に恵まれている。（多様な植生） ・豊かな文化・年間行事 ・海流 ・水源 ・漁場	**地帯構造** ・火山（噴火・火砕流） ・地震 **地形** ・液状化 **気候** ・洪水 **複合** ・泥流 ・津波 ・高潮

図9　**完成したワークシート**　地帯構造・地形・気候など見出しはつけておく

Mission 7［5分］

　班のメンバーをシャッフル（混合）して新しい班（ジグソー班）をつくらせる。

Mission 8［10分］

　用語が定着しているかどうかを確認するため新しい班（ジグソー班）で協力して簡単な客観チェックテストを解かせる。ここまでの学習を通じて，生まれてきた疑問やもっと知りたいことを共有させておく。

Mission 9［5分］

　Mission 1の質問に再度答え授業前との変化を確認させる。

Mission 10

　時間があれば，ジグソー班で「風土の恵みを生かし損失を減らすために私たちは何ができるのだろうか？」という課題に取り組ませる。

Mission 11［5分］

　ワークシートのふり返りチェックと感想を記入する。

まとめ

授業を受けた生徒たちの感想と知識の変化（授業の感想より）

・いろんな人の意見を聴いて新しい発見などが多くありました。

・まったく接点がなかった人と話すことができ良かった。

・自分の言葉で説明することにより，内容を良く理解でき，用語が自然と頭にはいってきた。

・災害にしかなっていないと思っていたことが私たちの国を豊かにしているということが発見できました。

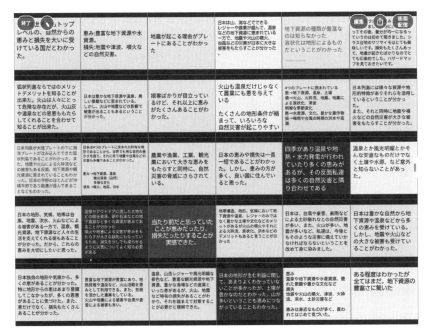

終了 [編集アイコン] トップレベルの、自然からの恵みを大いに受けている国とわかった。	恵み:豊富な地下資源や水資源。損失:地震や津波、噴火などの自然災害。	地震が起こる理由がプレートにあることがわかった	日本は山、海などでできるレジャーや農業が編んだ、温泉などの地下資源に恵まれている一方で、地震や火山などの災害が日本に大きな被害をもたらすことがわかった。	地下資源の種類が豊富なのは知らなかった 液状化は地形によるものだということがわかった。	[編集アイコン] ってきの後、全分が一ーになるっていうのは知っていたのは知って驚いた。ラスは他のサンマイもおいしいしとても興味しいです。損失もたくさんあってとても印象的でした。地震が起きさばかりなので、ハザードマップを見ておきたいです。
弧状列島ならではのメリットデメリットを知ることが出来た。火山は人々にとって危険な存在だが、火山灰や温泉などの恩恵ももたらしてくれることを合わせて知ることが出来た。	日本は豊かな地下資源や温泉、美しい景観などに恵まれている。しかし、火山や地震などの影響で被害が出ることもあるということが分かった。	損害ばかりだけが目立っているけど、それ以上に恵みがたくさんあることがわかった。	火山も温泉だけじゃなくて農業にも恵みを与えている たくさんの地形条件が絡み合っていろいろな自然災害が起こりやすい	4つのプレートに囲まれている 恵→地下資源、温泉 損→火山、地震、噴火による液状化、津波 明確な季節変化	日本列島は様々な資源や地形的特性がありそれらを活かしているということが分かった。それと同時に地震や噴火などの自然災害が大きな被害をもたらすことが分かった。
日本列島が大陸プレートの下に海洋プレートが沈み込んでできた弧状列島であることがわかった。また、地殻や火山による恩恵もプレートに沈み込むことなどにより、地下資源などの鉱物資源に恵まれていることがわかった。日本の平野の多くが沖積平野であり扇状地が並んでいることなどもわかった。	日本は4つのプレートに挟まれた特殊な地形であることから、世界でも稀な自然の恵みがあり、それに伴う地震や地震も多くある。しかし、火山や地震などの影響で被害が出たりもする。恵→地下資源、温泉 観光など 多彩な文化 損失→噴火、地震、洪水	農業や漁業、工業、観光業において大きな恵みをもたらすと同時に、自然災害の脅威にさらされている。	農業→地下資源、温泉 観光業→豊かな農作物 多→噴火や台風の時期の洪水や浸水	四季があり温泉や地熱・水力発電が行われていたり多くの恵みがあるが、その反面私達は多くの自然災害と隣り合わせである	温泉とか観光明媚とかそんな安直なものなのだけでなく土壌や水源、など意外と知らないことがあった。
日本の地形、気候、地帯は台風、地震、洪水、火山などによる被害がある一方で、温泉、鉱物資源、水資源が人々の生活を支えてくれる源であることがわかった。だから、これらの恵みを大切にしたいと思った。	温泉やアウトドアに適した土地などの観光資源、肥やすな自然の多さや土地そのもののメリットがあることがわかった。しかし、火山や地震などで災害が恵みもたらすのも事実なので、損失を少しでも減らせるように災害について多く知る必要がある	当たり前だと思っていたことが恵みだったり、損失だったりすることが実感できた。	地層構造、地形、気候において地下資源や温泉、レジャーのみではなく豊かな土壌や文化などのメリットがあり、火山や地震、洪水などのデメリットもあると言うことが分かった	日本は、台風や豪雪、豪雨など様々な自然災害が多い。また、火山の噴火や地震など多いため、私達は、今後どのようなことが起こるか予測していかなければならないということを改めて身に染みました。	日本は豊かな自然から地下資源や温泉などから多くの恵みを受けている。しかし、地震や火山などの大きな被害も受けていることがわかった。
日本独自の地形や気候から、多くの恵みがあることが分かった。特に地形からの恵みをあまり意識してこなかったので、多くの恩恵があることに気づけた。また、恵だけでなく、損失もたくさんあることが分かった。	豊富な地下資源が豊富にあり、地熱発電や温泉など、火山活動を有効に利用できる。また、豊かな海域などで漁業が盛んである。しかし、火山、地震などの被害の損失があることがわかり、それに対して対策することが必要だと理解できた。	温泉、山岳レジャーや風光明媚な景色など、豊かな観光資源の恵みを活かした農業もしくは地下資源などの開発が進んでいることがわかり、それが日本の魅力につながっていることもわかった。	恵み 温泉や地下資源や水産資源、畳された景観や豊かな文化など 損失 地震や火山の噴火、津波、火砕流、洪水、土砂災害など	恵みは身近なものが多く、損われてはじめて気づいた。	ある程度はわかったが全てまだ。地下資源の豊富さに驚いた。

図10　ロイロノート・スクールで集めた Mission 9 での記載

(1)「総合公園」・「ゴミ処理場」はどのような地形にあるか。漢字四文字で答えよ。

(2)「大成町二丁目」「中島二丁目」「吉川団地」の三カ所のうち最も新しいと思われる集落はどれか。

(3)あなたが「吉川団地」の防災担当者だったら、地域の特性を考慮しどのような災害に備えますか、理由とともに述べなさい。

図11　定期考査での出題例（国土地理院2万5千分の1地形図「越谷」平成13年6月1日発行）

Mission 1の事前アンケートでは「我が国の風土がもたらす恵みと損失について自然の特徴と関連づけて述べよ」という問いかけにほとんど何も答えられなかった生徒たちだが，活動後の Mission 9 では（**図10**）のようになっている。

評価の方法

この授業の成果はたんに知識の定着だけではない。定期考査ではさらに教科学習という視点で，知識の活用を試す問題を出題している（**図11**）。(3)の様に「現場でどの様な行動をとるか？」を問うことで知識の活用＋地理的技能（地形図の読図）を融合して評価している。

学習指導要領も「何を知っているか？」から「何ができるか？」を重視している。自然との調和を保ちながら持続的な発展のために具体的な政策提言ができる生徒の育成をめざしたい。そのためには教員自身も実践を積み重ね共有しながら前進していかなければならない。

【参考文献】
エリザベス・バークレイ／パトリシア・クロス／クレア・メジャー著（安永悟監訳）『協同学習の技法：大学教育の手引き』（ナカニシヤ出版，2009年）
L・ディー・フィンク著（土持ゲーリー法一監訳）『学習経験をつくる大学授業法』（玉川大学出版部，2011年）
P・グリフィン／B・マクゴー／E・ケア編（三宅なほみ監訳，益川弘如・望月俊男編訳）『21世紀型スキル：学びと評価の新たなかたち』（北大路書房，2014年）

注
1　ロイロノート・スクールを利用。

「地理」と「探究」について

鈴木映司

1963年静岡県東部に火力発電所とコンビナートを創る計画が浮上した。高度経済成長のまっただ中，政府も地元有力者も強力に推進した。しかし一般市民は他地域での公害の実情がわかってくると，地元の研究所や高校と協力し草の根の環境影響事前調査に乗り出した。結果政府の予測に疑問が生じ，国の開発計画は中止となった。これは国内初の事例となった。

環境問題や疫病・格差・紛争など，現代は何か重大なできごとがあってから学ぶのではもう対処できなくなってきている。「過去の経験に基づく行動様式の変化」という学習の方式が問われてきている。過去に学ぶだけでなく将来にも学ぶという「先見性」が必要になってきている。

どこかに正解があってそれを普及させることができれば問題が解決する訳ではない。一人ひとりが自分で考え他者との対話によってみえない答えを「カタチ」にしながら「地域課題」に取り組むことが求められている。「地域」とは，すなわち「不満な現状を変えるために活動しうる現実的な唯一の空間」である。大半の生徒にとって「自らを育んできた地域」のことを学ぶのは高校までである。「地域課題」自体はどこにでもある。海外にも[1]こうした「地域課題」の取り組み事例はたくさんある。

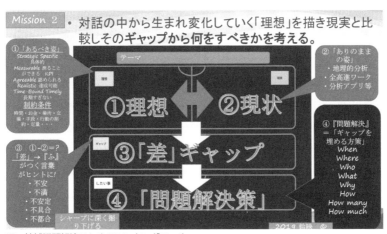

図　地域課題解決のためのシンキングツール

この学びはどこで暮らすようになっても役立つだろう。さらに政策提言に結びつけられれば素晴らしい。限られた授業時間の中で課題を発見し解決策を思考するにはあまりに時間が足りないのでシンキングツールの活用が有効である（図）。この様な「課題研究」をとおして生徒たちは何を学ぶのだろうか？　生徒たちの感想を拾ってみた。

・完璧な結果が出なくてもすこしずつゴールに近づいて行くので，その過程も大切にしていくべきだと思った。
・得たものがあるならば成功だと思う。
・１人では知ることができることに限界があるけれど，他の人がいると１人のときより多くのことを知ることができる。
・難しそうだと思っていたけれど自分のわかることから深めるので楽しい。

　米国のショーン（Donald A. Schon）は「経験からの学びは『省察』によって意味づけられ，その内容が深くなる」としている。経験を深めるもっとも基本的な方法は，自分の経験を言語化することである。問題解決をとおして語ることと聴くことで自分と世界の関係とその意味を一層深く知ることができる。そのなかから「自分にできること」「していて楽しいこと」「自分にしかできないこと」を探し出す。自分のもち味を生かして誰かを助け自分も成長する。そして「人間の本質」を見極め「人間中心」の設計に繋がるように語る。ストーリーが変化すれば未来・将来も変わるのではないだろうか。これは「エージェンシー」（社会性・公共性に基づく主体性）の育成にも繋がる。

　答えのある「子どもの学び（Pedagogy）」には一方的で均一な教授が有効だが，答えのない「大人の学び（Andragogy）」には「経験」の持ちよりが必要となる。「探究」は子どもの学びから大人の学びへのシフトである。創造力が必要な時代において「答えを選ぶ」活動から「自ら答えを創り出す」活動への移行は格差是正の前提となっていくであろう。

注
1　「地理教育システムアプローチ研究会」では地理総合の必修化にあわせて，ドイツやイギリスなどの地理教材の研究を進めている。とくに，「関係構造図」で理解を深める環境システムアプローチや，地域の考察を記載したカードを繋げ地域理解を深めていく「ミステリー」などの取組みがある。「地理教育システムアプローチ研究会」ホームページ https://geosysapp.jimdo.com/（最終閲覧日：2021年2月1日）

私たちの行動を変えていこう
―世界の農業から生活に活用できる力を育む―

.... 三上由美子

▅▅▅ 目標

　私たちの食卓は，世界の農地や漁場と繋がっている。その食を満たすために展開されている農業の工業化ともいえる企業的農牧業と，日本や中国を代表とする多肥料の現状について理解させる。また，食料自給率が示すように，貿易失くして食が満たされない日本の現状と，一方で世界一の食品ロスを生み出している国であるという認識をもたせる。食品ロスと飢餓についてふれ，私たち自身の意識改革と具体的取り組みへと視点を変化させていく。世界がかかえる課題を「自分ごと」としてとらえ，農業の価値や食の豊かさとは何かを問うとともに，私たち自身の行動を変えるきっかけづくりを目標としたい。また，多くの資料を用いることで，資料を読み取り，活用する能力を身につけさせることも目標としている。

▅▅▅ 授業の流れ

　本実践は2時間分の内容であるが，食品ロスに関しては，家庭科や現代社会などで取り扱うこともあるため，大胆に省いてもよい。

【1時間目】

導入［10分］　ある国の輸出統計を示し，この国がどんな国で，どんな農業が展開されているかを推測させる。

展開1［20分］　大規模農業の映像を視聴させる。

展開2［15分］　映像をみてわかったことや率直な感想を述べさせるとともに，大規模農業のメリットとデメリットを小規模農業と比較してとらえさせる。

まとめ［5分］　小規模な労働集約的農業で生産量を増やす方法を考えさせる。

【2時間目】

導入［5分］　前時の復習および化学肥料や農薬の功罪について理解させる。

展開1［10分］　世界や日本の食料生産や自給率，食品ロスや飢餓について，諸資料を用い考えさせる。

展開2［25分］　ダイヤモンドランキングを用いて，どうすれば問題解決に繋が

るか意見を出させ，考えをシェアさせる。

まとめ・振り返り[10分]　ワークシートをまとめさせる。

▓▓▓ 授業展開のポイント

授業準備

　資料は，世界の人口増加，農産物生産の増加，穀物生産量，土地生産性と労働生産性，肥料投下量と労働生産性など，教科書や資料集，統計資料集などに掲載されているものをおもに用いる。『日本国勢図会』や『世界国勢図会』(公益財団法人矢野恒太記念会編集・発行)のデータも利用しやすい。授業プリントを用いている場合は，ひとまとめに提示すれば見やすい。大規模農業について，大型機械を用いた穀物の収穫や家畜を大規模に飼育するフィードロットなどの写真は教科書や資料などで対応できるものの，大型機械を用いた大規模な農業の様子や家畜を大量に肥育し屠畜する様子は映像で視覚的にとらえさせることでより理解が進む。食品ロスや食料不足などに関する資料は生徒に事前に収集させてもよい。

　農牧業分野の学習は農業立地に始まり，ホイットルセーの区分による各種農牧業を学び，日本の農業へと進んでいくのが一般的と思われる。本実践の設定は日本の農業にふれた後で復習的に用いる内容とした。ひととおりの学習は済んでいるものの，食料問題を考えるうえで，大量生産・大量廃棄といった「工業」で問題視される内容が農業でもみられることから，自分でどう取り組むか考えられるような授業を，以下のように提案してみたい。

【1時間目】

導入

　国名を伏せたアルゼンチンの輸出統計を用い，この国がどんな国で，どんな農業が展開されているかを推測させる。貿易統計は輸出品目からその国の強み

【問1】下の輸出統計から、この国がどんな国で、どんな農業が展開されているか予測しよう。

輸出品目	金額(千ドル)	構成比(%)
植物性油かす	9,212,181	15.78
自動車	5,771,181	9.88
とうもろこし	3,883,602	6.65
大豆油	3,725,822	6.38
野菜と果実	2,802,335	4.80
大豆	2,732,359	4.68
小麦	2,361,855	4.05
金(非貨幣用)	2,263,837	3.88
魚介類	1,957,956	3.35
肉類	1,930,597	3.31
合計	58,384,195	100

ズバリ、この国はどこ？（　　　　　　　　　）

図1　輸出統計を使った問い(表は UN Comtrade より作成)

(strength)がわかり，輸入品目から弱み(weakness)を探ることができる。筆者は貿易の学習の際に，必ず輸出統計を用いて，その国の資源や産業などの特色や強みを復習する。本実践は農業分野であるが，アルゼンチン輸出品目は農畜産物が多く，大規模農業の内容に繋げやすい。この場面では，1人で考える時間は2分，グループで話し合い，まとめる時間は5分を目安とした。また，統計資料を与えて漠然と考えさせるには無理があるため，経済規模などのヒントが必要である。例えばその国の人口，日本の輸出額(約7千億ドル；2017年)といった情報を生徒の状況に応じて示し，感覚を掴ませたい。生徒からは，農産物の輸出が非常に顕著であることから農業の盛んな国(発展途上国)，日本に比べ人口密度が低くて広い農地が確保できる国，輸出できるので広い土地で企業的牧畜業が展開されている国，輸出されている作物から気候は温帯ではないか，アジアではないだろう，沿岸の国だろう，肉を多く食べる国だろう，など多様な考察の結果が得られる。そもそも，輸出品目1位の植物性油かすとは何か，用途は何かなどの疑問も出ることから，採油植物について大豆以外の解説も必要であろう。考察が進みにくい場合には，「どんな気候だろうか。」など教員側の問いかけも必要になる。考察の結果はA3用紙に箇条書きにさせて黒板に掲示したり，教員が板書したり，アプリケーションを活用したりして内容を共有し，そのうえで国名を明かす。

　続いて，「アルゼンチンのラプラタ川流域に分布する肥沃な土壌名は何か」「パンパ土の成因は何か」「湿潤パンパと乾燥パンパの境界は何を基準にしているか。また，どのような農牧業が展開されているか」「アルゼンチンの牧畜を拡大させた要因は何か」「アルゼンチンの大農場の名称は何か」などを問いかける。そして，アルゼンチンでは，19世紀後半にイギリス資本による鉄道建設や冷凍船の導入があったこと，開拓においては有刺鉄線が利用され，エスタンシアが拡大していったことも，用語とともに思い出させる。

展開1

　大規模農業の映像をみる。大規模な家畜飼育はフィードロットの写真などで様子を知る機会があるものの，それらがどのような処理をへて，私たちの食卓にあがっているかを見聞する機会は少ない。屠畜の映像は何を用いても良いと思うが筆者は，映画「いのちの食べ方」(ニコラウス・ゲイハルター監督，2005年)を10年以上使用している。ナレーションのない映画なので，大規模農業の現状を客観的にみることができる。必要な場面をかいつまんでみせる手間はあ

るが，教員が自由に解説できるところがよい。屠畜について実際にみたことのある生徒はほとんどいない。スーパーマーケットで，きれいにスライスされた肉しかみたことのない生徒にとって，屠畜について知ることは食に対する意識を高める面で有益である。映像は血が流れる場面もあるため，昼食直前直後の授業時は避け，映像を見聞きすることで精神的に苦痛を感じる生徒は目や耳をふさぐことを認めている。あらかじめ周知しても気分の悪くなる生徒はいる。事前に学校内の担架や車いすの設置個所を確認しておく，保健室にも伝えておくなどの対策を立てておきたい。

展開2

映像をみての生徒の感想はさまざまであるが，多くは命をいただいていることを理解し，残さず大切に食べる決意を新たにしている者が多い。

続けて大規模農業における，土地生産性と労働生産性について農民1人当たりの農地面積のイメージを共有する。授業プリントを参考にしていただきたいが，この感覚があれば国や地域で状況がどう異なるかを踏まえられ，どのような方法での農業が展開されるか，結び付けやすい。

そのうえで，大規模農業のメリットとデメリットを小規模農業と比較してとらえさせたい。農業の工業化ともいえる状況は，いかにコスト安く大量に生産して利益をあげるかの1点につき，穀物メジャーの強大な力について確認できる。

農業の種類	メリット			デメリット
大規模農業	労働生産性が高い		量 ＞ 質	初期費用が高い
	機械を利用 →作業効率が高い			自然災害の影響をもろに受ける
	商品単価が安い →消費者にとって good			品質が悪い
	時短で大量生産			生命倫理的に考えさせられる（屠畜）
小規模農業	1つ1つの品質にこだわれる		質 ＞ 量	労働生産性が低い
	不作の損害が小さく抑えられる。			手間や時間がかかる
	ブランド化しやすい			商品単価が高い →消費者にとって bad
	作り手の顔が見え，安心感がある			熟練した技術が必要

図2　比較表の記入例

まとめ

　授業の最後では，小規模農業で生産量を増やす方法を考えさせる。ただたんに小規模農業は労働生産性（単位人数当たりの収量）が低いと結論付けられるものではない。

【2時間目】

導入

　2時間目は前時の復習をペアワークでおこなう。普段からペアワークで説明させることはよくやるが，ジャンケンで勝った人が答えるというルールを用いている。互いに話し合うよう指示しても，その場の雰囲気や盛り上がり具合によってうまくいかないこともある。ジャンケンすることによって気持ちが切り替わるし，ゲーム性もあるため気合い（？）もはいりやすい。

　さて，小規模農業において食料増産をはかる方法について，生徒の意見の1つとして，「多くの化学肥料を投下する」がよくあげられる。化学肥料は即効性があり，与える量を計算できるため，作物の生長をみながら細かく調整することがでる。化学肥料を使うことで多くの農家では，美味しい作物を安定してたくさん収穫できる。現に日本では中国や韓国と同様に多くの化学肥料が投下されている。また，人口増加にともなう食料増産について，緑の革命のような先進国支援にともなう増産計画をした結果，現在多くの生産が保たれていることも既習事項として確認できる。しかし一方で，有機肥料と異なり，化学肥料や農薬を過度に与えることで微生物の働きを阻害してしまい，土壌の劣化や水の汚染をもたらすなどの補足も必要である。

展開1

　世界や日本の食料生産や自給率，食品ロスや飢餓について，諸資料を用い考えさせる。「日本の食料自給率の低さの背景は何か」と端的に問うてもいいだろう。また、所得水準が高くなれば肉の消費量が増え，飼料が不足することもあるし，国によっては環境への配慮にともなうバイオ燃料の利用も進んでいる。こういった飼料やバイオ燃料としての穀物や大豆などの需要増加が，それらの価格高騰や肉の高騰，食料不足を加速させ，国によっては食料不足を招く一要因となることも確認したい。1人当たりGDPの高まった国は食の欧風化が進んでいるため，日本や中国を例にその経済成長と食肉消費量の比較もいいだろう。日本のみならず，世界各国では経済水準が高まれば，食は広がりをみせ貿易が拡大していることを理解させる。チラシ広告を利用し，日本はどのような

国からどんな食材を輸入しているのか確認させたり，日本の港や空港でどのようなものが輸入されているか統計をみせたりしてもよい。

　続いて，食品ロスについては，新学習指導要領を念頭にいれると，他教科・科目と重複する内容は教科横断的に合理的に進める必要性も考えられ，現代社会の「食の安全，日本の農業」の単元，家庭科の「食の安全・食の課題」の単元，保健の「食品」の単元，理科(生物)なども視野にいれると，授業の内容に濃淡をつけられる。ここでは基本的な情報を提供できればよい。

展開2

　ダイヤモンドランキングを用いて，どうすれば問題解決に繋がるか意見を出し合う。ワークシートと付箋があれば取り組めるし，アプリケーションを活用すればスムーズに話し合え，発表・シェアまで効果的におこなえる。食品ロスはホットなワードであり，生徒にとっても「自分ごと」としてとらえやすい。

　日本の食の豊かさと，日本人ならではの対応力の高さはときとしてあだになることや，世界のあらゆる食材を財力に任せて食卓に並べることが真に食の豊かさなのかなどを考えさせる。地産地消を基盤とし，食料生産の現状を把握していかに無駄やロスを省き，農牧業の価値に見合った対価を支払うという，いわば消費者意識の熟成に繋げたい。

　生徒からは賞味期限の短いものから購入する，買いすぎない，つくりすぎな

い，食べきる，冷凍を活用するなどの具体的で取り組みやすいものや，親の躾，政府の廃棄食品無償配布の整備などもあげられた。そして，実際生徒の，行動に繋げられている。授業の展開によっては，地域・国・世界に目を向け，

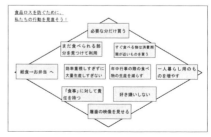

図3　ダイヤモンドランキングの記入例

食品ロスを解決するためのアイデアを出させるのもいいだろう。

　授業の最後にフードバンクなどの取り組みや地産地消の推進など身近な企業や大学でどのような活動が展開されているか示せると良い。例えば，筆者の居住地域に位置する大学の某ゼミでは「フードバンク」を取り組み，家や職場であまっている食べ物を集め，必要とする人に届けられる仕組みをつくろうと活動し，子ども食堂と地域を繋ぐ役割を担い，地域交流の拡大や貧困の改善，食料廃棄量の減少をめざしている。

まとめ・振り返り

　ワークシートをまとめ，提出する。

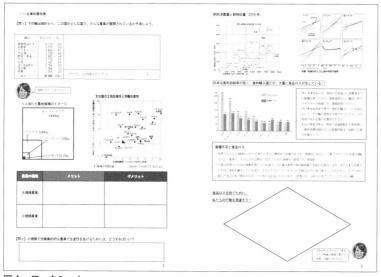

図4　ワークシート

▰▰▰ 評価の方法

　発表内容と振り返りシートの提出，定期テストの結果をもって評価とする（実践11参照）。

【参考文献】
小林昭文・鈴木達哉・鈴木映司著，アクティブラーニング実践プロジェクト編著『Active Learning Practice　アクティブラーニング実践：現場ですぐに使える』（産業能率大学出版部，2015年）

コラム④

これって当たり前？　生徒の感覚に向き合おう

三上由美子

　授業や問題演習などで生徒から質問を受けたり，グループワークでの生徒の会話を聞いたりしていると，思わぬことが理解の妨げとなっていることに気付く。地理的な見方や考え方のレベルでなく，そもそもモノや用語の意味がわからない，勘違いしているという場合である。例えば，「二輪自動車」のデータを用いた問題があったとする。「二輪自動車」はいわゆるオートバイであるが，「自転車」を連想している生徒も少なくない。「電動アシスト自転車」の登場が，そのような勘違いを生んだのかもしれない。続いて，「貿易依存度」。国内総生産（GDP）に対する輸出入額の割合なのだが，自給率の対義語ととらえていたりする。ほかにも，「最寄り品」と「買回り品」の違い，「埋め立て」と「干拓」の違い，「バイパス」とは何か，「対外直接投資」とは何かなど，さまざまである。

　さて，３年生を担当していたとある年の12月，生徒に「アムステルダムはダムの名前ですか？」と質問を受けた。その場では生徒に対し丁寧に対応した。首都名であるが，「ダム」はその生徒がイメージするダムと同様に水をせき止める「堤防」の意味があること，オランダの土地は海抜０m未満の土地があり，古くから水害に苦しめられてきたこと，風車による排水の技術が古くからあったことなどである。生徒に対して大切なことを伝えられていないと心から反省したできごとだった。

　生徒にとって都市名を覚えることはなかなか骨が折れることのようである。都市名どころか国名も怪しいなんて当たり前である。筆者は，最初の授業で70カ国テストをおこなう。もちろんテストだけでなく，オリエンテーションと題して自己紹介をしたり，シラバスを示したり，地理を学ぶ意義について考えてもらったりしているわけだが，この70カ国テストは以前，30カ国でおこなっていた。中学校の教科書に登場してくる主だった国と高校入試を踏まえたとき，約30カ国が適当だろうと考えていたからだ。実際のところ，中学校の教科書ではもっと多くの国の写真やデータが示されている。100カ国にした年もあったが無謀だったように思う。近年は70カ国としており，この正答率のデータ（**図**）から授業で国の位置や特色を丁寧に話したり，印象付けたりするくふうをして

No.	国　名	%	No.	国　名	%	No.	国　名	%	No.	国　名	%
1	中国	99%	21	(台湾)	69%	41	オランダ	26%	61	モロッコ	9%
2	ロシア	99%	22	アルゼンチン	69%	42	ベトナム	25%	62	アルジェリア	9%
3	オーストラリア	98%	23	スペイン	66%	43	フィンランド	21%	63	リビア	9%
4	インド	97%	24	タイ	62%	44	キューバ	21%	64	ボスニア・ヘルツェゴビナ	8%
5	ブラジル	97%	25	インドネシア	58%	45	ペルー	21%	65	ベネズエラ	8%
6	イタリア	95%	26	ポルトガル	43%	46	アラブ首長国連邦	20%	66	チェコ	7%
7	韓国	94%	27	ノルウェー	42%	47	スリランカ	18%	67	ルーマニア	7%
8	モンゴル	93%	28	アイルランド	40%	48	イスラエル	18%	68	ハンガリー	5%
9	イギリス	93%	29	フィリピン	39%	49	ベルギー	16%	69	スロベニア	4%
10	カナダ	93%	30	ガーナ	39%	50	コンゴ	16%	70	ザンビア	4%
11	アメリカ合衆国	93%	31	アイスランド	38%	51	パキスタン	15%			
12	南アフリカ共和国	91%	32	エクアドル	36%	52	コートジボワール	15%			
13	エジプト	90%	33	マレーシア	34%	53	コロンビア	15%			
14	チリ	87%	34	シンガポール	34%	54	ポーランド	13%			
15	メキシコ	86%	35	イラン	31%	55	デンマーク	12%			
16	ニュージーランド	83%	36	トルコ	31%	56	ケニア	12%			
17	サウジアラビア	77%	37	ギリシャ	31%	57	ナイジェリア	11%			
18	ドイツ	74%	38	スウェーデン	30%	58	エチオピア	11%			
19	マダガスカル	70%	39	イラク	26%	59	バングラデシュ	10%			
20	フランス	70%	40	スイス	26%	60	ボリビア	10%			

図　70カ国テスト（正解率）

いる。

　授業で取り扱っているから当然覚えているだろう，イメージできるだろうなんて，教員側に都合の良い解釈でしかない。では，どうすればいいのか。第一に対話的な授業や生徒同士が学び合う授業の展開だ。生徒に語らせることで，何がわかっていて何がわかっていないのかが理解できるし，前述のような気付きが得られる。このことは，教員や周りの友達にわからないことを気軽に質問できる環境をつくることにも繋がっていく。

　地理はいってみれば雑学である。普段の生活や多様な体験から得られること，書籍や新聞，動画から得た知識などはものごとの理解におおいに役に立つ。こんな雑学的な地理だが，高校で学ぶ地理を含め，歴史や政治について，世界の人々とコミュニケーションの題材にしてもらえたら，こんなに嬉しいことはない。

「工業」の立地・成立条件・変遷を考えよう
―意図ある設問から地元の未来まで考える―

林　仁大

目標

　設問をもとに，個人やグループで考え，知識活用力などを身に付けさせることをねらいとしている。生徒は知識の暗記に偏りがちだ。工業分野も，ただ工業都市の特徴を覚えるのではなく，世界の工業立地や立地指向の意味，変遷について，自然条件や社会条件などの背景や成り立ちについて根拠をもって考えることで「地理的な見方・考え方」を身に付けさせることをめざす。さらに学習内容が「自分ごと」となるよう，自分の住む県・地域の工業変遷や未来を考えさせ，学習と生活を繋げて「生きて働く知識」の育成をめざす。

授業の流れ

【1時間目】

導入[10分]　本時の目標を理解させ「海岸でみる波消しブロックはどこで製造するか」という発問から立地を考えさせる。

展開[35分]　「産業革命とは何か？」など6つの設問をそれぞれ個人で考えさせたうえで，グループで学び合いをさせる。

まとめ[5分]　工業立地，立地指向について，整理させる。

【2時間目】

導入[5分]　前時を振り返り，立地指向の種類などを確認させる。

展開1[15分]　地元の工業立地の歴史的背景や変遷を話し合って考えを深めさせる。世界の工業地域の例から立地移動や特徴を理解させる。

展開2[25分]　10年後に地元に根づく工業・産業を考察させてグループで用紙にまとめ，クラスでおのおのの考えを共有させる。

まとめ[5分]　今後，何を意識して「工業」の学習をしていくか認識させる。

授業観（めざす授業）

　授業において生徒に求めることは，以下の2点と考えている。

> (1)　既有知識を活用し，自ら考え，それを言語化すること
> (2)　学んだことを身のまわりのことと繋げ「自分ごと」としてとらえること

（1）は，グループ学習を用いると効果的になる。複数の生徒が既有知識を話し合うことで，忘れていた知識を再獲得し，既有知識が網の目構造になるよううながす。また，自分の考え方と他者の考え方を比較検討し，メタ認知能力を高めながら考えを深めることに繋げ，確かな理解にすることが期待できる。

（2）は，主体的な学びを喚起し，学んだことを「生きて働く知識」へと導く。学んだことを実社会に置き換えさせ，興味喚起や深い学びへ繋げる。

▰▰▰ 教材観（設問について）

授業内の生徒への設問は，意図をもってつくる。筆者は3観点からつくる。

> (1) 前時の授業の復習，地理の既習単元の復習
> (2) 他教科・他科目で学習した知識の確認，中学までの知識の確認
> (3) 答えが一つでない問題の考察

（1）は，既習内容の定着をはかるための問いや，本時の学習内容のヒントとなる問いなどである。（2）は，教科・科目横断の総合的な学習（知識の統合）であり，「探究学習」には欠かせない知識の育成に繋がる。地理は，他教科・他科目の学習内容と関連することが多く，地理歴史・公民科の他科目のほか，全ての教科の活用は有効である。筆者は，教科（科目）横断型の発問ができるように，他教科・他科目のシラバスなどを確認しており，場合により教科書を読んだり，教科担当者に進度や学習方法を聞いたりしている。（3）のような設問は，「教科における探究」であると考える。これは，授業はわずか数十分の学習なのだから，良い答えや案をつくることを求めるというよりも，学習内容をもとに協働して考えれば「答えのない問い」にも挑戦できるという体験とその過程に重点をおくものである。知識の定着や知識活用の意識醸成にも有効である。

▰▰▰ 授業展開のポイント

工業分野のはじめの授業である。今回は，つぎの内容をひとまとめに学習し考えを深めることができる2時間分のタイムスケジュールのものを紹介する。

2回の授業の学習ポイントは，つぎの4点である。

> (1) 工業の成立条件や立地指向
> (2) 第一次産業革命，第二次産業革命などの工業の時代的変遷
> (3) 軽工業，重工業などの各種工業の分類
> (4) (1)〜(3)で学んだことを，自分の住む地域や県の背景や将来に結びつけて考え「自分ごと」にする

授業の発問は，工夫して配置する。一問一答形式の発問もするし，大きな発

問から細かな発問に移していき生徒の考えや学びを深める手法もしばしばとる。問いづくりや順番，タイミングは重要視する。また個人で考える時間や話し合う時間を事前に設定する。ただ，理解度により生徒の様子をみて臨機応変な対応も必要である。この実践は，ほぼ既有知識のみを活用し組み合わすことで，考察や話し合いをすすめ，学びを深める授業であり，発問もさまざまなアプローチから成っている。

【1時間目】

導入［10分］

本時の目標（上記(1)〜(3)）を述べたあと，**図1**のスライドをパワーポイントで示し，「波消しブロックはどこで製造しているのか。どこに工場があるのか。」を問う。生徒は，各グループで話し合い，答えを一つに絞っていく。その際，話し合いの状況をみて「重さ」をキーワードに「輸送費」に着目させる。答えは「設置場所の付近の空き地」である。この導入問題を通じて工業立地を考えるときの重要な視点として輸送費などの条件があることに気付かせる。導入は，身近なものと絡ませ興味喚起に繋げることが大切である。なお，図1の写真は，近くの港で自ら撮影したものだ。教材の「ネタ」は普段から用意しておくとよい。

図1　波消しブロックのスライド

展開［35分］

つぎの6つの設問を用意した。生徒はこれを個人の活動とグループ活動で学習を深めることをめざす。パワーポイントを使って問う。

設問

問1　産業革命とは何か？　複数の視点から説明しよう！
問2　イギリスの脊梁山脈名と産出する地下資源は？
問3　1901年竣工の日本の近代的製鉄所について，この製鉄所の名前は？
問4　この製鉄所は，何戦争の何条約の賠償金を使って建設したの？
問5　この製鉄所は，なぜあの位置（現北九州市）に建設したの？
問6　日本はこの時期から重工業化が進むが，それまで盛んだった工業は？

各設問のねらい，指導法，留意点

問1 産業革命とは何か？　複数の視点から説明しよう！ [10分]

　筆者の勤務校では，理系生徒は世界史Aを履修していて，おもに近代史を学んでいる。他教科・他科目の既習知識の活用として，本実践はすでに世界史で学習している産業革命について振り返らせたうえで，地理の工業分野との関係性に気付かせ考察させる。個人活動の指示は以下の2点である。

・既習の「産業革命」とは何か，の答えをつくる。答えは各自ノートに箇条書きの短文（メモ程度）で一つでも多く書き出して思い起こす。[5分]
・自信のないことは調べてよい。ただし，時間を有効活用する。

　個人の考察時間は重要で，知識の活用力づくりに繋がり，話し合う準備になるので他人任せにもならない。また，箇条書きで数多く書かせることでさまざまな視点の答えがつくられる。後のグループ活動[5分]は，記入した箇条書きの短文を紹介し合って共有する。仲間から別視点での産業革命の説明をうけ気付きも増える。生徒の短文には，「イギリス」「蒸気機関」「機械」「綿工業」「工場労働者」「植民地」「原料輸入」「資本主義」などのキーワードがみられた。

　産業革命の記述は地理の教材にはあまり掲載されていないので，世界史の教材，電子辞書，スマートフォンの使用も認める。とくにスマートフォンは校則の支障があれば関係分掌との調整などもしておく。

問2 イギリスの脊梁山脈名と産出する地下資源は？ [5分]

　既習単元（大地形分野）と工業分野の関連付けである。一問一答形式をきっかけに，問1と関連させて石炭埋蔵の多い古期造山帯がイギリスの産業革命と密接な関係があることに気付かせ，工業は燃料や原料のある場所に立地することにたどり着かせる。答えは「ペニン山脈・石炭」。

問3 1901年竣工の日本の近代製鉄所について，この製鉄所の名前は？

問4 この製鉄所は，何戦争の何条約の賠償金を使って建設したの？

　[2問あわせて3分]

　日本の工業立地の学習として中学歴史の既習内容を活用する。提示するパワーポイントの高炉の写真に見覚えがある生徒や，1901年の時代背景を話し合うグループもあった。時代背景などを話し合いながら鉄鋼生産の必要性なども考えさせたい。答えは問3が「八幡製鉄所」，問4が「日清戦争・下関条約」。

問5 この製鉄所は，なぜあの位置（現北九州市）に建設したの？ [8分]

　筑豊炭田の石炭と中国からの鉄鉱石を使って鉄鋼を生産するため，「安い輸

送費で原料確保ができる立地」として北九州が選ばれたことが導かれる。本時の目標である工業立地を考察し、話し合うなかで、原料指向と臨海(港湾)指向の原理をおのずと学んでいくことになる。

問6 日本はこの時期から重工業化が進むが、それまで盛んだった工業は？
[8分]

　日本は明治以降、生糸など繊維工業を主力産業としていた。この質問をきっかけに、イギリスから現在の発展途上国にいたるまで、軽工業から重工業への変遷があることを、第1次産業革命・第2次産業革命の歴史やそこから現在のAI化の時代までの流れも交えて確認する。

　このような学習活動をとおして、生徒はさまざまな視点から物事を考え仲間と話し合っているが、じつは新たな知識はさほど教え込んでいない。しかし今までに得た知識、情報(本人が忘れていたものも含め)を活用すればこれだけ考えられるということを生徒に気付かせ、それをどのように駆使し深められるかを体感させることで、自信をもたせたい。知識活用力を中心にさまざまな力を身に付けられるよう授業のなかで体験をさせることが重要である。

まとめ[5分]

　イギリスの工業地域、日本の太平洋ベルトの成立理由を説明しながら、工業や工業地域には立地指向があり成立条件の視点が重要であること、時代の変遷があり工業立地が移動することなどを理解させる。生徒には本時の振り返りとともに、次回さらに考えを深めることも伝える。

【2時間目】

導入[5分]

　本時の目標(4)を説明する。前時を振り返り、立地指向の種類と特徴、変遷を、教科書などの表(例えば、『新編　詳解地理B　改訂版』〈地B305〉、二宮書店、116頁の表)を参考にしながら確認する。

展開1[15分]

　話し合い活動10分、全体のまとめ5分程度でおこなう。これまでの学習を踏まえ、生徒おのおのが住む地元の地域ではどのような工業の特徴があるかを述べ合い工業の立地や変遷に落とし込む。参考に三重県を示す。

三重県は，北中部は名古屋（一部大阪）に近く，労働力志向の工業がみられ，かつては繊維工業が盛んで各社の工場が点在していた。高度経済成長期になると化学コンビナート・自動車工業などの重化学工業が盛んになり，さらに20世紀末からエレクトロニクス産業も登場する。液晶テレビ工場も登場したがまもなく事業は大幅縮小した。近年工業の盛衰は早い。将来，例えば隣の愛知県で航空機産業が成立すると恩恵を受ける工場もある。また地場産業も根強い。

図2　三重県のスライド

さて，生徒は小・中学校で地元地域の工業やその特徴を学習しているが，地元以外の県内地域についてはあまり詳しいといえない。逆に，知識として知っていても具体的なイメージをもたない者もいる。各地から登校している生徒がグループ活動で情報交換し，**図2**のようにパワーポイントで共有し，教科書にある工業の変遷や産業の空洞化などが地元の地域にもあてはまることを実感させ，学習を「自分ごと」に落とし込ませる。さらに，世界の工業地域の具体を学ぶときに身近に感じ深く学習することをうながしたい。

展開2［25分］

　2回の授業のまとめとして，「三重に10年後根付く新しい工業・産業は，どんな産業だと思いますか。地理的要素も踏まえ，あなたの考えを理由とともにまとめてください。」という課題を出す。教科書の記載事項や，例えばAIの発達やリニア開通など世の中の未来像は，考察の重要な情報なのでヒントのように紹介する。それでも，生徒たちにとって地元の工業・産業を作り上げ提案することはハードルが高いようだが，仲間と話し合うことで，意外にわれわれ大人にない面白い発想が出てくることもある。生徒は，立地条件はもちろん時代背景や交通形態，日本や地域の状況など，知識や情報をさまざまな視点から考えをめぐらせることで，知識の定着や地理的な見方・考え方を養い，工業の総復習にも位置づけることができる。こうして，個人で考える時間，協議をする時間，グループでまとめる時間，クラスで共有する時間をつくり，答えが一つでない課題を考察［20分］させる。グループで集約した案は，KP法（実践7参照）をアレンジした方法で用紙に30字以内でまとめさせ，各グループの用紙を黒板に掲示しコメントすることで発表［5分］とする。

まとめ[5分]

　ここまでの学習を振り返りながら，立地・成立条件・変遷を整理し，「学習ポイントは何か」(何を意識して学ぶか)を認識させる。次回以降の各工業地域の学習においてこれを意識させるようにする。

おわりに

　冒頭で授業観・教材観を述べたが，新学習指導要領では，「主体的，対話的で深い学び」そして深い学びに繋げる「探究活動」が専門的知識の要素とともに求められている。新科目"○○探究"も登場する。この実践報告が，新課程の先取りとして「"教科における探究"はどのような役割をはたすべきか」を考える参考になれば幸いである。

評価の方法

　定期考査で，知識を問う問題に加え，2時間目の展開2での設問をアレンジした，つぎのような論述問題を出題した。

> 　日本の工業は新たな取り組みとして，ベンチャービジネスやコンテンツ産業が注目されており，中小企業のなかにもオンリーワン企業がみられ，日本の工業の多様性や層の厚さ，競争力のある産業があらわれている。今後，三重で定着するまたは新たに創造される工業・産業はどのようなものがあると考えられるか。地理的な要素も踏まえ，あなたの考える産業を理由とともに簡単に述べなさい。

　問題文は教科書の語句を多用して作問している。採点にあたっては加点式とした。

　また，授業で考察した内容やメモ，グループでのまとめや自学した学習内容を記したノートなどをチェックし，意欲・態度・思考・表現の評価の一つとしている。

【参考文献】
小林昭文・鈴木達哉・鈴木映司著，アクティブラーニング実践プロジェクト編著『Active Learning Practice　アクティブラーニング実践：現場ですぐに使える』(産業能率大学出版部，2015年)
「実践事例レポート　生徒に伝えたいことをどう授業デザインするか」(『Career guidance』vol.430，2019年12月)

グループワークの活性化に向けた仕掛け

髙橋英路

　授業において，ペアやグループで何らかの活動をすることも多い。「アクティブ・ラーニング（AL）」というと，それらをイメージする方も多いのではないか。実際，本書を含むAL関連書籍では「ペアで」「グループで」といった事例が多く掲載されている。

　いわずもがなではあるが，書籍で紹介されている事例は，あくまでその教員と生徒との関係性が担保されたうえでの実践であり，そこを無視してかたちだけ真似ても失敗するのは当然のことである。では，グループワークを活性化するために，教員としてどのような仕掛けが考えられるのか，いくつか事例を紹介したい。

① 身体→言葉の順で

　授業に限らないが，人が何らかの活動をする際，言葉を発する活動に比べ，身体を使う活動の方が比較的容易におこなうことができる。初対面の生徒が多い新学期や，授業開始後すぐに「隣の人と話して」というのは，場ができあがっていないこともあり，うまくいかないケースもある。他方，「こういったら立ってください」「この合図で手を叩いてみましょう」といった指示はとおりやすい。

　私も授業でグループワークをする場合は，その前段として，生徒が立ち上がるなど何らかの動作をおこなう場面を設けるようにしている。そのことがいわば「準備運動」になり，後段のグループワークが活性化することに繋がる。ちなみに，準備運動としての身体的活動は小さなことで良く，本来であれば座ってできる作業を，あえて立っておこない終わった人から座らせたり，隣の人と向かい合っておこなったりといった，ちょっとした工夫で実施可能である。

② 手をあげるのはハードルが高い…

　「○○だと思う人，手をあげて」「では，△△だと思う人？」「あれ，手をあげてない人がたくさんいますね……もう一度……」などというやり取りを経験したことはないだろうか。大勢の前で手をあげるという行為は，大部分の生徒にとって非常に勇気がいるものである。

　例えば，「皆さん，手をあげてください。では，○○だと思う人だけ，その

まま手をあげていてください」といったら、どうだろうか。すでに手はあげており、そのまま現状維持するだけで意思表示できるので、先ほどよりもハードルはグッとさがる。さらに、より多くの生徒が発問に対し意思表示することになるので、授業への参加意識もだいぶ高まってくるだろう。

③ 自分の意見、まずは書く

意見を発表する機会が「発言」に限定されると、特定の生徒の考えしか共有されなかったり、皆の前で発言することを躊躇し最初から考えようとしなかったりといった事態が起こる可能性がある。そういう意味で、生徒に自分の考えを一度プリントなどに記入させることは有効である。いきなり発言を求められるより、文字にしておくことでより安心して発言できる生徒もいる。もちろん、発言できなくとも、プリントに意見を書かせることで、授業後に教員がそれを確認し、つぎの時間に良い意見を全体に共有することもできる。これを繰り返すことで、発言を躊躇していた生徒が「自分の意見が認められた」と感じ、自ら発言することへ繋がるかもしれない。

④ グループで最初から会話が生まれる仕掛けを

毎回の授業でつくられるグループは、必ずしもよく話す友人同士とは限らず、最初から沈黙が続くとグループ全員が気まずい思いをしてしまう。そこで、班長や計時係、発表者などの役割を振ってあげると、スムーズに活動が進むことも多い。また、役割を決める際は「誕生日が今日に1番近い人」「今1番太いペンをもっている人」など、会話が必要となるようにすることで、初対面であっても互いの距離が縮まり、和やかな雰囲気になることもある。

⑤「静かに！」以外の注目のさせ方

活発に話し合いが進むと、そちらに熱中しすぎて教員に注目させるのに苦労するケースもあるだろう。しかし、ここで「うるさい！」「静かに！」と大声で怒鳴ってしまっては、それまで醸成された「話しやすい場」が台無しである。例えば、黒板にイラストを描いたり写真を貼ったりして「ちょっとこれをみてください」と投げかけてみる。どちらも黒板をみないと確認できないし、その後の説明を聞かないと何のことだかわからないので、生徒の注目を引くには有効である。さらに、数名が机をくっつけてグループをつくっている場面であれば、「では、机を戻してください」の一言で雰囲気はだいぶ変わってくる。せっかくできあがったグループワークの雰囲気を壊さない工夫が重要だと考える。

不動産業者，移住予定者になって都市の内部構造を考える
―人口増加都市福岡―

·· 小田切俊幸

目標

　「どこに住むのかを考えること」は，入試などが終わっても生徒の今後の生活には必要不可欠なことである。とくに，実践校が位置する長崎県のような地方部では，おもに10代後半から20代後半にかけての進学・就職をきっかけとした人口流出が著しく，進学・就職を目前とした高校生にとってはまさに「自分ごと」であり，転出先でどこに住むのかを考え，どこかを選ぶということは身近な課題である。

　入試において，都市内部の年齢別人口構成に関する出題は頻出である。都市の内部構造を考えるうえで，基本的なデータの一つである年齢別の統計をおさえることは，そこに住む人々や，その地域の都市圏内での位置づけなどを推察するうえで，重要な要素である。

　生活の延長にある地理としての科目の特性を十分に生かすよう工夫を加え，「自分ごと」として，学習内容をとらえさせ，生徒自身の今後のライフコースなどを考えさせたい。以上のような視座から，つぎの3点を中心にすえて授業をおこなった。

---

① 　福岡市の人口増の要因を考える。
② 　都市の内部構造・地域ごとの役割の違い（中心業務地区〈C.B.D.〉，都心商店街，住宅地の分布）への理解を深める。
③ 　役割の違い（都心と郊外の違い，大学などの近隣施設）によって，地域ごとの人口構成が異なることを理解する。

授業の流れ（2～3時間）

【1時間目】

展開1［10～15分］

　福岡市の人口が増えている様子や，ほかの九州内の県庁所在地や広島市や仙台市など他地域の中心都市の人口の増減を，各市ホームページや地域経済分析システム（RESAS）などで調べさせる。

図1　福岡市内地図(記入例)

展開2［20～30分］

　福岡市の人口増加について，今住んでいる地域や東京や大阪などのほかの大都市と比較させ，その要因を考えさせる。この際，統計などを用いて，県別の平均賃金の違いや，大学数，本社をおく企業数などに注目するように促す。生徒からは教育機関の充実具合，就職の機会(都道府県別の求人票の数などでも判断できる)や文化・娯楽施設の多さ，災害の発生件数といった意見が出てきた。

また，Google map のストリートビューなどをみせ，県庁所在地の商業施設の集積などを確認させる。

まとめ［5分］

　県別の平均賃金の違いや，大学数，本社を置く企業数が人口増加の原因となっていることを確認する。振り返りシートを使い，この時間の活動の振り返りをさせる。また，地図帳に記載されている福岡市中心部の地図とほかの大都市の中心部地図(身近な都市であることが望ましい)を比較させ，次回内部構造について考えることを予告する。

【2時間目】

導入［5～20分］

　福岡市内地図(図1)に，鉄道・地下鉄の路線図，学校，商業施設，ランドマーク，県庁，市役所の位置などの書き込みをさせる。C.B.D.(中心業務地区)と郊外の住宅地も記入させる。

展開1［25～40分］

　「不動産物件探しから，福岡の都市構造を考えよう」をテーマに2～4人のグループに分かれ，グループごとに物件を紹介する不動産業者役のグループか物件を探すお客役のグループになる(不動産業者役とお客役のグループは同数)。つぎに示すグループの設定で不動産物件を探させる。

【設定】
① 長崎県から福岡市にある会社に転職(博多区が本社)をして移住をしてくる男性30歳代の夫婦一家4人(妻はパート・子どもは小学4年生と保育園)夫婦は教育熱心で中学受験を希望。
② 東京に長年住んできた定年退職を迎えた長崎県出身の夫婦(子どもは全員独立)が物価の安さや,居住環境の良さ,野外活動などのしやすさなどから出身地近隣の福岡へ移住。
③ 長崎県の大学を卒業し福岡の会社(中央区天神が本社)へ就職が決まった女性。はじめて一人暮らしをするため,職場や駅との近接性を重視。
④ 九州大学への進学が決まった男子学生。九州大学病院と九州大学伊都キャンパスへの通学の必要性がある。学費以外は,バイトで生活費を賄う。

　住む場所を決める際の,判断する要素を,ワークシート(**図2**)を使って考えさせる。その後で複数の不動産検索サイトを活用し,平均家賃などを調べさせる。すべての条件を満たすベストな物件と巡り合えればよいが,ベストな物件を巡り合わないことも考えられる。

　住む場所を最終的に決める要素を3つ以上考えさせ,3次元散布図(**図3**)を利用して,その条件の優先順位の付け方を考えさせる。駅やバス停,商業施設,子供が通う塾からの距離などの利便性,近隣に公園などがあるかどうかや,静けさなど生活環境の豊かさ,そして物件の広さに関連する居住性などをあげてくるだろう。住みやすい物件が多くの条件を満たしていることが,この3次元散布図を使うことで理解が深まる。

　例えばX軸に家賃をとり,Y軸に最寄り駅への距離,Z軸に物件の広さの居住性を当てはめてみると,一般的に図3で示した①〜④のあるあたりの位置に該当する物件が多いことだろう。家賃が安

図2　配布したワークシート(記入例)

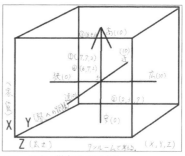

図3　3次元散布図(記入例)

実践6　不動産業者,移住予定者になって都市の内部構造を考える　**45**

いことを選べば，駅から遠くなることが考えられ利便性は低くなるが，一方で居住性は高くなる。この3次元散布図を使うことで住む場所を決める作業には優先順位の付け方が不可欠であることを理解させる。この作業を通じて，家族構成（一人暮らし，子供がいる夫婦）などの違いによって，住む場所選びで何を最優先と考えているのかを推測することができるようになる。

生徒の考えた物件の場所

① 中学校受験のため塾に通いやすい，塾が沢山ある地下鉄西新駅（西区）の近く。

② 野外活動をするために，佐賀県佐賀市三瀬村に近い，早良区。

③ 天神まで一駅の西鉄薬院駅（中央区）の近く。

④ 九州大学病院への近さやアルバイトの多さから，馬出九大病院前駅（東区）の近く。九州大学伊都キャンパスにも地下鉄で乗り換えなしで通学可能。

生徒の感想

・通勤に便利な場所で，帰省にも便利な場所を考えることができた。

・条件から，近隣にあったほうが良さそうな場所を考えることができた。

・九州大学伊都キャンパスの近くの西区であれば，地下鉄などを使えば九州大学病院キャンパスに通えそう。

・福岡市内は交通が発達しているので，どこでも住みやすそうな印象を受けた。

実際に福岡市の不動産業者に聞き取り調査（Zoom や Google Meet，Microsoft Teams などを用いて）をおこない，実際の業者と客のやり取りを通じて，自分たちが考えていた想定があっていたか確認する。

まとめ［5分］

振り返りシートを使い，この時間の活動の振り返りをさせる。

【3時間目】

導入［5〜10分］

RESAS（地域分析支援サイト）を活用し，メインページから，「人口マップ」のなかの「人口構成」のページを開かせる。「市町村単位で表示する」を選択し，福岡県福岡市を表示する。

展開［25〜35分］

人口ピラミッドを選択し表示させる（図4）。福岡市の C.B.D. である博多区・中央区と，郊外の住宅団地などが多くみられる西区・早良区の人口ピラミッドから，同じ福岡市のなかでも行政区によって，年齢別人口構成が異なるこ

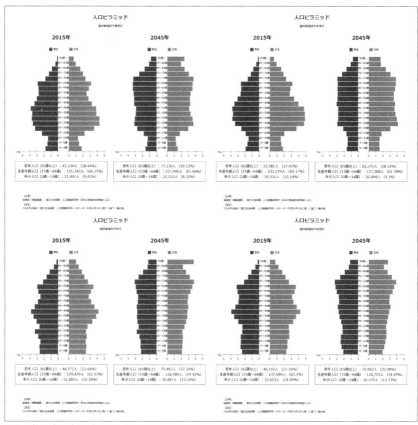

図4　福岡市の人口ピラミッド　博多区（左上），中央区（右上），西区（左下），早良区（右下）。
出典：「RESAS（地域経済分析システム）- 人口構成 -」〈https://resas.go.jp/population-composition/#/
pyramid/40/40130/2015/2/9.372139540841129/33.53711514/130.8218368/-〈2020年11月4日に利用〉）

とに気付かせる。福岡大都市圏の C.B.D. といえる中央区や博多区では年少人
口が少ない。生産年齢人口の比率が高く特に20～30歳代の女性の比率が高い。
一方で，西区や早良区では，大都市圏のなかで住宅地の機能をはたしており，
そのため，年少人口の比率が高い。推定値である2045年の人口ピラミッドなど
も確認させ，生徒の居住している市町村との比較をする。
まとめ［5～15分］
　つぎの5つの指標に基づき振り返りをさせる。毎時間の活動もこの指標で振
り返りをさせる。

1　**O**（当事者意識：ownership）
・当事者意識をもった自立した学習者だったか？
（不動産物件を選んだ理由などを他人にしっかり説明できるか。）
・学習内容が身近に感じられたか？
2　**S**（社会的スキル：social skill）
・不動産物件をネタにお客や業者になりきってコミュニケーションをとることができたか？
・相手の立場になって積極的に対話できましたか？
3　**I**（知的好奇心：idea）
・知的好奇心をもってアイデアを生むことはできたか？
・発見が沢山あったか？
4　**M**（モチベーション：motivation）
・もっと知りたい・調べたいと思うことはあったか？
5　**T**（総合：total）
・今日は総合的に地理の力を高めることはできたか？
・福岡市の都市構造がイメージできたか？
・授業の前と後とで，自分自身の変化を説明できるか？

生徒の感想

・同じ福岡市のなかでもこんなに人口構成が違うことに驚いた。

・都市圏のなかの役割の違いで，人口構成が違うことが理解できた。

・100万人以上の大都市のなかでも，福岡市が自然への近接性が高いことや，家賃も意外と安いこと，都市圏があまり大きくなく，大都市であることのデメリットが少ないことが人口急増の原因であるように感じた。

・福岡市は買い物などには便利さを感じるが，地元の方が家の敷地も広く確保できそうなので大学卒業後は地元に戻ってこようと思った。

評価の方法

　チームでの活動（共有する際の発表者，話し合いを進める司会者を決めさせて活動させる）を重視し，机間巡視をするなかで，意欲的に取り組んでいるかどうかを観察しておく。

　ワークシートの下欄に「わかったこと」と「わからなかったこと」を整理しメタ認知を深めることを促す。この欄以外にもチームでの活動（共有する際の発表者，話し合いを進める司会者を決めさせて活動させる）を重視し，机間巡視をするなかで，意欲的に取り組んでいるかどうかを観察しておく。「活動あって学びなし」の状態に陥らないように活動を通じて何をどこまで理解できて，自分自身がどう変わったかもしっかり認識させたい。この活動によって取り組

む前と，取り組んだ後で自分にどのような変化があったのかを振り返り活動を
とおして培った学習のプロセスから成長を実感できる。また，つぎのようなル
ーブリック（**図5**）を事前に示し，生徒自身が自らの到達度をメタ認知できるよ
う促すこともできる。

	A（十分達成している）	B（おおむね達成している）	C（努力を要する）
関心 意欲 態度	チームでの活動のなかで，他人の意見を踏まえつつ，自分の意見を述べることができた。	チームでの活動のなかで，自分の意見を述べることができた。	チームでの活動のなかで，自分の意見を述べることができなかった。
思考 判断 表現	家賃決定には，利便性や静寂性などの居住性など複数の要素が関係していることを説明できる。	家賃決定には，利便性か静寂性などの居住性のどちらか一方の要素が関係していることを説明できる。	家賃決定の背景を説明することができない。
資料 活用 の技 能	資料を適切に読み取り，複数の根拠をもとに考えることができた。	資料を適切に読み取り，根拠をもとに考えることができた。	資料の読み取りを十分におこなうことができなかった。

図5　ルーブリック

【参考文献・ウェブサイト】
井上征造・相澤善雄・戸井田克己編『新しい地理授業のすすめ方：見方考え方を育てる』（古
　今書院，1999年）
若林芳樹・神谷浩夫・木下禮子・由井義通・矢野桂司編著『シングル女性の都市空間』（大明
　堂，2002年）
及川俊浩・杉山比呂之編『アクティブ・ラーニング実践集　日本史』（山川出版社，2019年）
千葉県高等学校教育研究会地理部会編『新しい地理の授業：高校「地理」新時代に向けた提
　案』（二宮書店，2019年）
経済産業省地域経済産業グループ地域経済産業調査室・内閣府地方創生推進室「RESAS（地
　域経済分析システム）」（https://resas.go.jp〈最終閲覧日：2020年11月2日〉）

コラム⑥

地域の教材化　生徒の興味関心を引き出す仕掛け

小田切俊幸

　生徒の興味関心を引き出す方法としては，教科の内容を今(ニュースやできごと)に繋ぐ方法や，ここ(地域)に繋ぐ方法がある。なかでも，生徒の生活の舞台である学校周辺地域の様子を教材化することが，地理ならではの役割であると考える。そこで，授業と地域を繋ぐ授業改善を考えていきたい。

　私はつぎの３点より，地理学習において，身近な地域の地形図学習がとくに重要な分野であると考える。

①「地理」が身近な科目であり，生活を科学する科目であることを認識させ，「授業」と「生徒の生活」を結びつかせる重要な接着剤であるから。

②理科における実験・観察に相当するものと考えているため。

③立体的なイメージが不可欠な地形分野の学習を効率的に進めるため。

　このなかでとくに①の接着剤としての役割を重要視している。それは地形図から，その地域の様子をイメージして，その地域に住む人々の生活を想像してほしいと考えるからである。身近な地域をまず学習することで，ほかの地域についても，行ったことがなくても，さまざまな統計や地形図から判読できる土地利用から，人間生活の地域性や一般性をとらえられるような指導をしていきたい。このような技能が地理学習の理解度を高める手助けになるであろう。

　また，学校の実情が許せば，地域調査にじっくり時間をかけて取り組みたいが，そのような時間は取れないという学校が多い。地域調査は実施が厳しくても，教師自身が勤務校周辺のフィールドワークをおこない，そこで得たことを授業のなかに取り入れることも可能である。私は20年ほど前に，眺望がきく山が学校から徒歩圏内にあることから，尾根線・谷線の実地での確認や山頂からみえる眺望で地図記号の確認をおこなう授業を企画実施したことがある。この授業をとおして，生徒は学習内容と自分自身の生活を繋げて考えられるようになった。

　高校の地理教育では受験の側面だけではなく，今まで以上に生活者にとって不可欠な知識としての「地理」の位置づけを確かなものにしていく必要性がある。そのためにも，生活の舞台である身近な地域の教材化を進め，生徒の興味・関心を喚起するような地理の教育法を研究していきたい。

p4c(philosophy for children)で考える正解のない問い
─自分の考えを発信する─

‥‥‥‥‥‥‥‥‥‥‥‥‥‥‥‥‥‥‥‥‥‥‥‥‥‥‥‥‥‥‥‥‥‥‥ 髙橋英路

■ 目標

　地理は暗記が多いというイメージが強く，地理のテストというと一問一答を想像する生徒も多い。しかし，これからの時代に求められているのは単純な暗記ではなく，正解のない問いに向き合う姿勢やその思考の過程であり，高校地理もそれらを学ぶための科目の一つである。

　他方，生徒たちのなかには正解のない問いに対するアレルギーからか問いに正面から向き合うことができなかったり，素晴らしい考えをもっていても表現できなかったりする生徒もいる。

　本実践では，単元のまとめの授業として，それまでの学習を踏まえた正解のない問いについて生徒全員で考える機会を設けた。こうした実践をとおして，生徒たちが主体的に正解のない問いに向き合って思考したり，他者の考えを聞き多様な価値観を共有しさらに思考を深めたりすることをねらっている。また，こうした活動では，授業が安心・安全の場であることが不可欠であり，どんな意見でも発言したり，受け入れたりできる態度を身につけさせることも重要である。

■ 授業の流れ

　本実践は「民族と国家」の単元のまとめの授業として，50分授業1コマ分の事例であるが，手法としては汎用性があり，ほかの教科・科目，単元でも実施可能である。

導入［5分］　本時の進め方と，展開1と2の目標を確認する。

展開1［10分］　指名した生徒が，これまでに学習してきた単元について紙芝居プレゼンテーション法（KP法）で簡潔に説明させる。聞いている生徒には，あらかじめ示したルーブリックをもとにシートに評価を記入させる。

展開2［25分］　展開1を踏まえ，当該単元の学習内容に関連する「正解のない問い」について，「p4c（＝philosophy for children「子どものための哲学」）」という手法により，クラス全員で対話させる。

まとめ[10分]　対話の内容について感じたことやさらに疑問に思ったことを振り返りシートに記入させる。

授業展開のポイント

導入

　授業の流れの確認と目標の提示であるが，**図1**のように黒板に書きだしたり，掲示したりすることで学習活動が可視化されるようにすると良い。これにより，生徒は見通しをもってそれぞれの活動に臨むことができ，どのくらいのペースや量が求められているのかがわかりやすくなる。授業中の時間管理については，決められた時間内に仕上げられるよう意識させることも重要であり，大きめのタイマーなどを用いて生徒たちにもわかるようにしたい。また，目標についても同様に掲示や授業プリントに記載することで，授業の最後の振り返りにも役立つ。

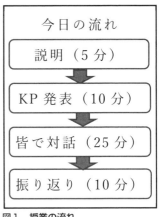

図1　授業の流れ

展開1

　A4用紙に説明する内容のキーワードを書き，それを黒板にマグネットで貼りながら説明させる(KP法)。この手法は特別な道具を必要としないため，教員の説明や生徒による発表など，学校でも気軽に取り入れることができる。また，板書するよりも時間短縮が可能で，その分，生徒同士の話し合いなどの活動に多く時間を充てることができる。さらに，マグネットをはずさないでおけば，授業中いつでも内容の確認ができる。

　本実践では，次ページの例のようなKP法用のシート(**図2**)をあらかじめ準備し，当日指名した生徒にシートに書かれたキーワードをみて2分間で説明を考えさせ，5分間で発表させるという方法をとった。発表生徒をあらかじめ指名し，シートの作成も課すことができるのであれば，そのようなやり方も考えられる。

　説明を聞いている生徒には，あらかじめ示したルーブリック(**図3**)(KPシートも生徒に自作させた場合のもの)により評価やコメントをシートに記入させ，内容は発表者にフィードバックする。生徒の説明に誤りがあった場合や，発表の仕方などで全体に共有しておくべきことは，この時点で教員から伝える

国家三要素
主権　領域
国民

単一民族国家
多民族国家
ナショナリズム

図2　KP法用シートの例

図4　コミュニティボール

KP発表の評価

≪評価のポイント（ルーブリック）≫

評価	A（素晴らしい）	B（良い）	C（まあまあ）	D（もう少し）
時間配分	だいたい時間イッパイ使った。		指定の時間をオーバーした。	説明が少ない、時間が余った。
KPシート	文字も大きく、後ろからでも見やすい。	文字の大きさはちょうど良いが、もう少し大きく書くと良い。	丁寧な文字だが、もう少し大きく書くと良い。	文字が小さい、または乱雑で、何が書いてあるか読めない。
姿勢・視線	聞き手全体を見渡しながら説明した。身ぶり手ぶりも効果的に使っている。	聞き手を見ながら発見していた。または、黒板に動き過ぎて落ち着きがない。	原稿や黒板、下の方に視線が行く。または、無駄に動き過ぎて落ち着きがない。	聞き手の方を向いていない、片足に体重をかけてゆらゆらしているなど、姿勢が悪い。
話し方①[基本]	聞き取りやすい声の大きさとスピード。	聞き取りやすい声の大きさとスピード、やや早い、または遅い。	聞き取ることはできるが、もう少し大きい声またははっきり話した方が良い。	声が小さい、スピードが早すぎる、もごもごしているなどの理由で聞き取れない。
話し方②[応用]	声の強弱やスピードをわざと変えたり、聞き手に問いかけたりしている。	声の強弱などのメリハリがあり、どこが大事なポイントなのか分かる。	単調な説明だが、ここが大事と述べたり書いたりしていて、大事なポイントが分かる。	話し方が単調で、どこが大事なのか分からない、または印象に残らない。
内容	テーマに沿った内容が詳しく説明され、驚きや新たな発見があった。	テーマに沿った内容で、詳しく説明されていた。	テーマに沿った内容だった。	テーマからズレていた。

≪評価シートの記入例≫

評価のポイント	時間配分	シート	姿勢・視線	話し方①[基本]	話し方②[応用]	内容
評価	A	B	B	B	C	A
理由	時間ちょうどくらいだった。	漢字の間違いが少しあった。	メモをあまり見ず、前の方を見ながら話していた。	もう少しゆっくり話した方が良い。	大事なところは大きい声とか、強弱があると良い。	説明が詳しいし、ビックリするような内容もあった。
コメント	発表の基本はしっかりできていたと思う。身ぶり・手振りを使ったり、聞き手に質問したりすると、さらに良くなると思う。					

図3　KP法の発表のルーブリックの例

ようにする。

　なお，KP法による発表は年度はじめなどにオリエンテーションの一環として説明し，練習として全員に簡単な自己紹介をさせるなど，このルーブリックでの相互評価を経験させておくとよい。例えば，練習ではB5などの小さめの用紙にしたり，黒板に貼らずグループごとに机におきながら説明したりすることで気軽に取り組むことができる。

展開2

　クラス全員が車座になり，あるテーマについて対話する。発言できるのは毛糸でつくられたコミュニティボール（**図4**）をもっている人だけ（教員も含む）で，発言したい場合は手をあげてボールをもらう。

　ルールとして，ボールを持つ人だけが話す，発言を頭から否定しない，パスしても良いといったものがある。対話の初めにルールを確認するとよい。

　ここで扱う問いは，毎回の授業の振り返りのプリントに，「今日の授業の学習を踏まえ，皆で対話してみたい正解のない問いを考えてみましょう」と投げ

かけ，そのなかから1つを選んでいる。問いの決め方については，生徒が自ら問いを立て，その問いに向き合いたいと考える気持ちを大切にするという観点から，多数決などで決めるやり方が望ましいと考える。しかし，問いをとおして考えてほしい内容や到達してほしい議論の水準など，学校や生徒の実態に応じて教員が設定することもありうる。

　また，問いの性質についても，実際に出された以下の例のように多様であり，こちらも学校や生徒の実態に応じ，どのような問いが生徒にとってふさわしいかは判断が分かれるだろう。

《「民族と国家」の単元で出された問いの例》
【A1】地域ごとの国家群では，どれが将来的に成功するか。
【A2】○○問題（民族問題の一つ）の解決には，どんな立場になって，どんなことをすればもっとも効果が高いか。
【B1】少数意見を聞くことは必要なのか。
【B2】いわゆる合わない人とは，どう接するべきなのか。

　A1やA2の問いは教科の要素が強く，世界各国の情勢や国家間の関係などの学習成果を踏まえての対話が想定される。他方，学習内容の定着が十分でない場合にこのような問いを設定してしまうと，一部の生徒にしか内容が理解できなかったり，なんの根拠もないあまりにも自由な発言ばかりになってしまったりする可能性もある。

　B1やB2の問いは教科の学習から発展したものではあるが，教科の要素は弱く，だれでも対話に参加しやすい。ただし，あまりに学習内容から離れた対話になってしまうと，地歴科の授業として扱う意義を見出すことが難しいといった問題もある。

　実際の授業では，まず問いに対する自分なりの回答を3分間でプリントに記入し，その後に輪になって座り，問いを考えた生徒がその問いを考えた理由を話すところから始める。全員で1つの輪をつくるのが基本ではあるが，人数によってはクラスを2つに分けて二重の輪をつくり，前半10分間は内側の輪にいる生徒が対話し，後半10分間は内と外を入れ替え，内側にきた生徒が続きを話し始めるというスタイルをとる。この場合，対話を聞いている側の生徒（外側）たちには気付いた点や感想をプリントに記入させる。対話が進むと，前に出てきた発言がわからなくなることもあるので，黒板や模造紙に対話の流れを書いておくのも有効である。

　教員の留意点としては，沈黙があっても待つ，話の方向性を無理に誘導しな

い，終了時間を気にしてまとめようとしないといったことである。沈黙については助け船を出そうと考えてしまいがちだが，パスしても良いというルールがあり，「パス」と一言述べれば良いのにそれをしないのはなんらかの意見をもっている可能性が高く，実際の授業でもしばらくの沈黙の後で話し始める生徒は多い。また，重要なのは生徒の中で問いにしっかり向き合うことであるので，一度も発言しない生徒がいたとしてもそれを咎めることはしないし，ボールがつぎつぎにまわされどんどん発言がおこなわれるのが必ずしも良い対話とは限らない。同様に，対話の時間が終わっても生徒のなかで自問自答しつづけていることが重要であるから，盛り上がってきたからといってダラダラと延長はせず，時間で対話を打ち切って構わない。

　教員も一参加者として対話に加わっているので，さらに深く聞いてみたい内容などを質問してもよい。ただ，できれば生徒たちから「なぜ？」「根拠は？」「例えば？」といった深掘りするための言葉が出てくることが望ましく，対話に慣れてきた段階で「今日の対話では「なぜ？」を使ってみよう」などと少しずつ生徒に示していくとよい。

まとめ

　対話の時間が終わったら，振り返りシートを記入させ，問いについて再び個人で向き合う時間をとる。対話で発言ができなかった生徒がここでたくさんの意見を記入してくるケースも多い。また，対話の展開によっては，授業後に教員のところに話にきたり，生徒同士で続きを話したりしている光景も目にする。

　授業の最後でシートを回収し，やや具体性に欠けるような記述に対しては，さらに深掘りするようなコメントをつけ，具体的かつオリジナリティのある記述はつぎの時間に全体で共有する。慣れてくると，生徒同士でシートを交換し，具体性のない記述にツッコミを入れるような活動を付加することもできる。この繰り返しにより，対話においても根拠や具体性をもって意見を述べることに繋がっていく。

■■■ 評価の方法

　授業前半部分の KP 法による発表については，掲載したルーブリックで評価可能である。生徒による評価と教員による評価の比重や総括的評価にまで含めるかについては，学校事情により異なってくると思う。

　授業後半部分の p4c による対話については，振り返りシート（図5）への記述内容により評価可能である。ただし，前述したように必ずしも対話で発言す

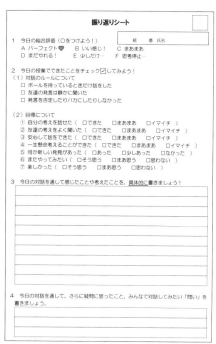

ることが良いとはいえないため，発
言の回数などをもって評価すること
は控えるべきだと考える。

図5　振り返りシートの例

【参考文献】
川嶋直・皆川雅樹編著『アクティブラーニングに導く KP 法実践：教室で活用できる紙芝居
　プレゼンテーション法』(みくに出版，2016年)
p4c みやぎ・出版企画委員会著，野澤令照編『子どもたちの未来を拓く探究の対話「p4c」』
　(東京書籍，2017年)
土屋陽介著『僕らの世界を作りかえる哲学の授業』(青春出版社，2019年)
豊田光世著『p4c の授業デザイン：共に考える探究と対話の時間のつくり方』(明治図書，
　2020年)
『Career guidance　vol. 414』(リクルート，2016年10月)
『地理・地図資料　2016年度　2学期②号』(帝国書院，2016年)
『山形教育　第381号』(山形県教育センター，2017年11月)

地誌の学習をとおして学力定着と学びの自立へ
―反転授業やジグソー法をアレンジして―

....林　仁大

▰▰ 目標

　　地理Ｂの地誌分野は，系統地理分野の学習が終わったあとの学習範囲である。また系統地理と地誌は，縦糸と横糸の関係にあるとしばしばいわれる。つまり地誌分野は，系統地理分野で学習したことを活用して世界の各地域に落とし込む学習分野だという特徴をもつ。この特徴を踏まえ，反転授業とジグソー法をアレンジして取り入れた授業をし，地誌の学習をおこなう。

　　生徒が主体的に予習をし，授業で言語化することで「学ぶ力」が培われ，グループで協働し切磋琢磨することで「学び合う力」が培われる。これらの力を身につける体験をさせることが，知識の定着に繋がるだけでなく，知識活用力，表現力などを身につける機会になるといえる。この授業が，生徒それぞれ「主体的，対話的で深い学び」とは何かを考えるヒントとなり，自分の学習方法を身につけていくことになると期待している。

▰▰ 授業の流れ

導入［５分］　授業（本時）の目標を理解させ，事前に予習してきたことを発表する準備をさせる。

展開１［30分］　予習内容をグループで順に発表させ，質問や意見をとおして予習内容をさらに深めさせる。４人がそれぞれ５分で「発表―整理―質疑応答」を順に繰り返す。終了後10分で学習内容を地誌的な視点でワークシートやノートを使い整理させる。

展開２［10分］　問題を解かせ，グループで話し合いながら正解を導き出させる。

まとめ［５分］　本時を振り返り，予習・発表・まとめ・問題演習をとおして学んだことをおのおので内省させる。

▰▰ 授業観（めざす授業）

　　地誌分野は，地域の系統地理分野を具体的に復習し，地域的特徴をさまざまな視点から細かく学ぶ。既習事項も少なくないわけだが，復習部分は時間的にもコンパクトにまとめ，さらに地域的特徴や地誌的思考の学習にあてたい。そ

のために，いくつかの授業手法を取り込んだのがこの実践である。

　このパターンのグループ学習で生徒に求めることは，以下の4点である。

> (1)予習として割り当てられた範囲を能動的に自学自習すること
> (2)自学した内容を発表し他者に正しく伝えること
> (3)他者の発信を正しくとらえ，自分の学びに活用すること
> (4)上記の活動の結果，自学による学習方法を体験し会得すること

　これを，反転授業とジグソー法(実践10参照)をアレンジしておこなう。反転学習(予習)を可能にするために，ジグソー法の要素も取り入れて，予習範囲を分担して責任をもって取り組ませることをめざしている。授業の終わりに演習問題を解答することで，習得型の反転授業の構成となっている。またジグソー法を活用することで，各自の担当範囲の発信とグループ内の協働により学習内容を理解させ，そのために適切な言語化を意識させたい。(4)は，あえて謳ったが，実は重要な目標である。これらの学習活動を通して，生徒が，暗記だけでなく，地理に必要なことや重要なことに気づき，それを自分で学んでいくように導きたい。一度の授業で，すぐにめざす知識や学力がつく訳ではない。授業自体が，そのときどきの内容理解のみを求める場にとどまらず，今後，知識を定着させ必要な力を身につける学びのきっかけの場でもあるという視点も意識したい。そして，自学のときの学び方，言語化や学び合いの仕方などを体験させて，その学習方法自体を工夫し会得することで，学習の自立をめざすよう促したい。

▰▰▰▰ 教材観

> (1)教科書の読み深めを重視する
> (2)資料集・地図帳をどう活用し学習を深めるかをポイントにする
> (3)文献やウェブページも根拠を確認したうえで活用する

　一般的に反転授業は，映像やオンライン教材を利用したうえで授業をするわけだが，地誌の単元は系統地理分野の既習事項が地誌分野の予習に成りうることから，以前の授業自体をその代替にできる。つまりこの実践は，系統地理分野の学習内容を活用して地誌分野を予習する反転授業である。したがって，これまでの学習で使ったすべての教材が今回の教材となるし，各自でほかの資料を利用してもよい。また，地誌の視点を崩さないように，教員が該当地域の白地図を配布するなどして学習を導く。この学習をへて，どのように調べ，学べば理解にいたるか，どう実際の社会との関係性に気付けるかなどを意識して教

材を活用させたい。

■ 授業展開のポイント

授業計画の提示

　教科書は東アジアから始まりオセアニアで終わる。筆者は，地域を以下のように分け，いつ，どの地域を学習するかの授業計画表を提示している。

```
◇中国・東アジア　◇東南アジア　◇南アジア
◇西アジア，中央アジア，アフリカ　◇西ヨーロッパ
◇東ヨーロッパ・ロシア　◇北アメリカ
◇南アメリカ　◇オセアニア
```

予習内容の分担

　ジグソー法にアレンジを加えて活用する。授業は1班4人を基本としたグループ学習なので，対象地域で考察するべき系統地理分野を，例えば以下の4つの分野に分け，分担して予習させる。授業では4人の予習成果を共有させるし，また各自の発表時間は2分であることを理解して予習させる。ジグソー法の要素を取り入れることで責任感をもたせることが一つのねらいである。

```
◇自然地理(地形・気候・環境問題)
◇農林水産業・食料問題
◇エネルギー・鉱工業・サービス業
◇その他単元(交通・貿易，都市・都市問題，文化・民族・民族問題など)
```

予習のすすめ方

　自分が予習すべき担当範囲は，前時の授業中にグループで決めておく。生徒は学習の流れに鑑みて，つぎの2段階の手順で予習してくる。

```
(1)ノートに自分の範囲の学習成果をまとめる
　それぞれの担当範囲はやや広いので，各自で範囲すべてを丁寧に復習し，ノートへ地図
　や資料も積極的に加えて整理する。整理の仕方，内容，分量は自由だが，おろそかにな
　らないよう注意する。
(2)ワークシートに予習成果の重要事項を記入し発表準備をする
　さらに，配布済みのワークシート(プリント〈資料①〉)へ2分で発表することを記入し，
　予習内容をまとめる。発表時間から情報量を考えて，何をどのように説明すべきか，重
　要事項を精査する。
```

　生徒は，授業内での発表と質問にも対応する使命をもって予習する必要がある。自発的に深く学習する生徒も少なくない。ノート整理などによる「書く」という言語化と授業での発表・発言による「話す」という言語化を体験する。

授業

導入［5分］

　本時の目標，時間設定や該当地域の背景や既習内容を簡単に確認する。また
ノートやワークシートを用意させ発表準備をさせる。

展開1［30分］

　まず4人が順につぎのような活動を繰り返し，グループで学習をする。時間
は教員が管理し，指示に従い一斉におこなう。

> 2分：自分の予習内容を，ワークシート〈資料①〉をもとに発表
> 1分：聞き手の生徒が各発表内容を自分のワークシート〈資料②〉に記入
> 　　　（箇条書き程度でよい）
> 2分：質疑応答

　ひとり5分ずつ上記の活動をおこない4人グループで20分をかける。話がそ
れると間延びし，短いと学習不足が露呈し仲間に迷惑をかけるので，生徒は最
初の2分の使い方を熟考する。情報を正しく伝えられるよう工夫するなど，時
間制限があるなかでいろいろな学びを体験する。反面，4人が発表し合うこの
時間ですべての復習が網羅できるわけではない。しかし，学習範囲への視野が
拡大し，今後，知識や考察方法を早く補充するベースや方法論を知ることは大
きい。競争意識や，授業時間外での教え合いなど，生徒に授業の枠を超えた派
生や刺激も起こる。教員は，これらの効果も考えて，動機付けや時間設定など
を通じて生徒を支援することを大切にしたい。

　4人の発表が終了したら，10分でグループ活動し，発表内容の補完的な学習
をする。地図帳などの教材も使い，互いに学習した事項の関連性やそこから生
まれる疑問の考察，聞きもらしの確認，説明不足な部分の指摘・質問など，グ
ループ内で学び合って整理する。10分をどう使うかは，各グループに任せてあ
えてあまり介入しないが，生徒は有効な時間の使い方を模索する。

展開2［10分］

　文章の穴埋め問題や入試過去問などを用意し，まず各自で解かせ，その後グ
ループで話し合って正解を導き出させる。もちろん根拠をもって正解が導けれ
ば，自信にもつながりプラスになる。不正解でも，正解を知った後で学習の補
充につなげて内省に活用できればよい。また問題は，展開1で話し合ったこと
が出題されればよいが，必ずしも4人が重要事項として教えあったこととは合
致しない。しかし，むしろそれは，予習の仕方や成果，学力向上への手応えな

どの振り返りにつなげられるので有効である。

まとめ［5分］

予習，発表，まとめ，演習を通じて学んだことを個人でまとめ，学習成果を
ワークシートに記入する。ワークシートは，次回の授業時に提出するよう指示
する。

アメリカ地誌の授業例

北アメリカ地誌の授業の際に生徒の発表した内容を以下にいくつか紹介する。
総論から各論まであり，グループによってさまざまだが，それは構わない。

◇自然地理（地形・気候・環境問題）
　・新期造山帯・古期造山帯・安定陸塊や油田・炭田・鉱山の位置
　・五大湖が氷河湖，セントローレンス川河口はエスチュアリー
　・マイアミ付近は Am，北緯40°付近が Df と Cfa の境界，西経100°
◇農林水産業・食料問題
　・適地適作の農業分布→綿花栽培の西遷など・社会の変化による多様化
　　（教科書・地図帳のアメリカの農牧業地域の地図を利用して説明）
　・アグリビジネスや穀物メジャーについて
　・穀物生産・輸出データ，おもな州別農業生産の特徴やデータ比較
◇エネルギー・鉱工業・サービス業
　・ニューイングランド→五大湖沿岸→大西洋岸中部→南部・大西洋岸の工業地域の変
　　遷，工業の変化
　・シリコンヴァレーなど先端技術産業集積地の位置や特徴
　・シェールガスやバイオエネルギーなどの生産とその特徴
◇その他
　・NAFTA の貿易の特徴とその背景
　・インナーシティ問題と都心再開発
　・民族の地域的分布の特徴やヒスパニックなどの移民流入と問題点

ワークシートについて

ワークシートは，あえて簡素にして，教員側の指向なく，自由に簡単に整理
させることを意図している。各地域で1枚だが，振り返りの質問を変えたり，
白地図を載せたりなどプリントで異なる項目もある。並行して普段からのノー
トも生徒本人に自らの記録や活用のために自由にまとめさせている。

---

①予習時の発表内容づくり
　発表整理のために記入する。何を重要事項に選択しどのように伝えるのかを考える取組
　みとなる。
②グループの仲間（3人）の内容の要旨
　内容が大切で，丁寧な文章で書くことを求めているわけではないので，箇条書きでの記

入でも構わない。但し他人がみても内容がわかる(つまりは自分が後でみてもわかる)ことは求める。この取組みにより「傾聴」の意識が高まる。

③授業の振り返り
　自分が発表して深まったこと，仲間の発表を聞いて理解できたことや予習から授業までをとおしての感想などの振り返りを記入する。

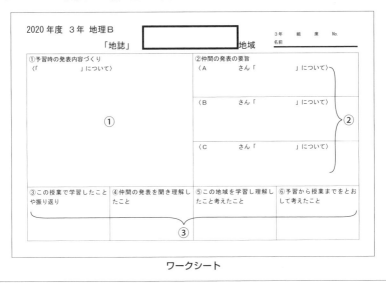

ワークシート

おわりに

　「あなたが先生のつもりで話そう」「あなたがグループの仲間の成績をあげよう」と伝えると内発的動機付けにつながる生徒もいて，活発な意見交換や学習の進展がみられる。反面，予習や話し合いが一部の生徒に偏ることも起こりえるし，生徒自身の学習意欲との関係に問題点があるという意見もある。しかし，何度かやっていると生徒が順応してくる。生徒はこれらの体験からやがて自らPDCAサイクルを回せるようになり，どう学んでいくべきか，どう学力につなげるかを自分で考えるようになると実感している。生徒は発表に意識がいきがちだが，個人で学習する力の醸成も意識させることが重要だ。学び方を学ぶという観点からも，学びの自立へ向かうよう導きたい。また，科目の専門性もきちんととらえて，今回なら地誌の視点の授業になっているかを確認すべきである。

　本実践は進学校での実践で，この後の大学受験も想定しているのは事実だが，筆者の経験からも専門学科や進路多様校の場合でも課題設定や予習範囲・分量を工夫すると同様の授業は可能といえる。

新型コロナウイルス感染症対策による措置などで，オンライン授業が急発展してきた。動画を有効に活用できるようになると，反転授業やジグソー法がさらに浸透するだろう。われわれ教員は，これらの授業手法も，自分のアイテムとして目の前の生徒に合わせてケースバイケースで使い分け，生徒に応じて効果的にアレンジする必要がある。その意味では本実践も我流で，本来の反転授業，ジグソー法とはやや異なる点があることを断っておきたいのだが，成績面だけでなく生徒のその後の学習意欲や態度にも有意義なものと考える。

▰▰▰ 評価の方法

　学習成果物として，ワークシートとノートを提出させる。ワークシートは地域ごとにその都度の提出とする。これらを意欲・態度・思考・表現の評価の一つとしている。生徒には，とくにノートは主体的に学習したことが記載されているものを評価すると伝えている。

　さらに，形成的な評価へ繋がるものとして，例として以下にあげた項目などについて，それぞれ4段階でのセルフチェックをさせている。

> ・該当地域の国名・都市名や主要な山脈・河川の位置などを理解できた
> ・該当地域の文化的特徴を理解できた
> ・国と国の関係性を理解できた
> ・これまでの系統地理分野で学習したことを活用できた
> ・地域の特性を説明できるようになった
> ・地域の特性をつかみとる地誌の学び方を理解できた

　これらのフィードバックにより，地理的技能を自分で確認する視点に気付かせ，メタ認知の獲得を実感させると，生徒が学習の途中で自分の理解状況を把握する意識を育成できる。そして，生徒自身が到達目標を理解し，学習への意欲や意識を高める一助となることをめざしたい。生徒には，このような学びのなかで小さな成功体験を積み重ね，まさに主体的に活動しトライしつづける人へ成長して欲しいものである。

　また，この生徒のチェックを分析すると，教員も自らの授業を改善する良い材料となるので，有効である。

【参考文献】
溝上慎一編『改訂版　高等学校におけるアクティブラーニング　理論編』(アクティブラーニング・シリーズ4，東信堂，2017年)
森朋子・溝上慎一編『アクティブラーニング型授業としての反転授業　実践編』(ナカニシヤ出版，2017年)

自分の趣味も「ネタ」にして授業に活かそう

林　仁大

　生徒に授業内容を身近に感じさせ，「自分ごと」にするための「ネタ」の一つとして，自分の趣味も授業に活かしたい。このことは，地理をさまざまな視点で考えることを伝えるとともに，生徒の興味喚起を促す一助になりうる。学びの深め方や専門的な視点づくり，探究心の醸成にも活かしたいし，また，生徒自身の趣味も学術的に深めて欲しい。

　筆者の趣味はスポーツ観戦なので，今回は北米の四大プロスポーツに関するいくつかの例を，地理の教材に活用するという観点で整理した。

チーム名（ニックネーム）

<チーム名とその意味>

	チーム名	意味・語源	由来・特徴
産業	ヒューストン アストロズ（MLB）	宇宙飛行士	主要産業や伝統産業に由来した名称。ニックネームが都市の象徴となっている。順に，宇宙・軍需産業（近くにNASA），ビール醸造（春小麦の集散地，ドイツ系移民），かつては鉄鋼業の中心地（現在は先端技術産業），缶詰工場（ミシガン湖等の漁業），牡牛（畜産業・後背地の農牧業，農業関連産業），石油製（アルバータ油田）の工業が集積。
	ミルウォーキー ブリュワーズ（MLB）	醸造	
	ピッツバーグ スティーラーズ（NFL）	鉄鋼	
	グリーンベイ パッカーズ（NFL）	缶詰工場	
	シカゴ ブルズ（NBA）	牡牛	
	エドモントン オイラーズ（NHL）	石油	
地形	コロラド ロッキーズ（MLB）	ロッキー山脈	標高1マイル＝1600mに位置し，空気が薄くよく飛び打者有利。また山岳部時間（MST）ゾーンにあるMBL唯一のチーム。
	ロサンゼルス レイカーズ（NBA）	湖	かつての本拠地ミネソタ州の氷河湖が多い特徴に由来。
生態	アリゾナ ダイヤモンド バックス（MLB）	ガラガラヘビ	ガラガラヘビはアリゾナ砂漠に，イトマキエイはフロリダ湾に生息する。（タンパベイは2007年「レイズ」に変更）
	タンパベイ デビルレイズ（MLB）	イトマキエイ	
歴史	ニューヨーク ヤンキース（MLB）	ヤンキー	NYは元オランダ領，「北東部の白人」「北軍兵士」を指すオランダ語系の俗語とオランダ移民が穿いていたニッカボッカの略称。
	ニューヨーク ニックス（NBA）	ニッカボッカ	
	フィラデルフィア 76ers（NBA）	1776年	1776年独立宣言の地。MLBフィリーズのロゴは自由の鐘。
	サンフランシスコ 49ers（NFL）	1849年	1848年サクラメント川で砂金発見，1849年ゴールドラッシュ。西漸運動や西海岸までの人口増加の象徴。
	デンバー ナゲッツ（NBA）	金塊	
都市	ニューヨーク メッツ（MLB）	メトロポリス	摩天楼のイメージからメトロポリスを略した造語。
	ミネソタ ツインズ（MLB）	双子都市	本拠地ミネアポリスと隣市セントポールの2都市。
	ワシントン キャピタルズ（NHL）	首都	かつてのMLBセネタース（下院議員）なども政治都市を示す。
民族	ボストン セルティックス（NBA）	ケルト人	アイルランド移民が多く緑色とクローバーが溢れる。
文学	マイアミ マーリンズ（MLB）	メカジキ	ヘミングウェイの小説『老人と海』に由来。
	ボルティモア レイブンズ（NFL）	オオガラス	エドガー・アラン・ポーの詩『大鴉（おおがらす）』に由来。

メジャーリーグ＝MLB・アメリカンフットボール＝NFL・バスケットボール＝NBA・アイスホッケー＝NHL

　北米スポーツは，エリア・アイデンティティの意識が強い。チームは，産業や歴史，文化など地域の象徴を名前にして，市民の誇りとなっている。

スタジアム（ボールパーク）　─野球場（MLB）を例に─

　大規模な集客装置であるスタジアムの歴史的変遷や特徴に視点をあてる。数万人収容できるので，他競技だけでなく，コンサート・コンベンション・ミサ・政治集会などにも活用している。都市のランドマークであり，都市開発や

<球場の特徴と変遷>

1920年代〜	伝統的球場	戦前から使用。当時の市街地の1ブロックに建設したので敷地が狭く駐車場や施設面は劣るが、改築もして、今も人気は高い。(ボストン、シカゴ)
1960年代〜	アメフト併用球場多目的スタジアム	ＮＦＬの台頭で次々に建設。可動式観客席でフィールドの形を調整、巨大電光掲示や人工芝が流行した。(オークランド、シンシナティ(旧)、ピッツバーグ(旧))
	市街地周辺型球場	モータリゼーションの影響で球場の周りに一万台以上の駐車場を要し、よって球場は市街地周辺や郊外に立地した。(ロサンゼルス、アナハイム)
	開発地区型球場	開発、再開発地区では集客装置であることを重視して都市計画の象徴となっている。コンベンションセンターなどとセットにした総合的施設やスポーツコンプレックスの建設もみられた。(カンザスシティ、デトロイト、フィラデルフィア)
1980年代〜	ドーム球場開閉式屋根付き球場	天気を心配せずイベントを催すことができる。立地要因も、高温多湿地(ヒューストン、セントピーターズバーグ)、寒冷地(トロント、シアトル、ミルウォーキー) 等に区分できる。近年はドームでなく、開閉式屋根にして天然芝を育てて、特徴ある楽しい施設をつくり、人気を呼んでいる。都心部に多い。
1990年代〜	新古典主義球場	伝統、観戦しやすさ、天然芝などをコンセプトに空の下で観戦する野球専用球場が現在の流行である。地理としては、球場が都心に戻り、インナーシティ問題対策も含めて都心再開発やジェントリフィケーションの象徴となっている。各球場でその都市らしさの特徴をだして競っている。(ボルティモア、クリーブランド 他多数)

立地は地理学習に繋がる。立地は，都心→郊外(市街地周辺)→都心(再開発)と流れている。時期や特徴からいくつかの型に区分けできる。

MLB 球団の分布 —チーム移転とエクスパンション(球団拡張)—

球団本拠地の変遷と社会情勢を比較すると強い関係性がうかがえる。

とくに1958年の LA ドジャースと SF ジャイアンツのニューヨークからの移転は，全米の人口増加や航空交通の発達，モータリゼーションなどが密接に関係しており社会の変化を示している。インナーシティ問題や工業の衰退するフロストベルトから，チームを都市の象徴としたいサンベルト各地への球団移転や新球団創

<メジャーリーグチームの分布>　　　　　　　筆者作成

2020年現在の30球団の分布
◇：1953年以降のエクスパンション(拡張)球団
●：移転先を含む1952年までの16球団
アメリカ合衆国

1952年までの16球団の分布
●：1901年〜1952年の16球団
(NYの3球団など10都市に集中)
アメリカ合衆国

設がなされ，その重心の変化がみてとれる。

ほかに「オーナー企業や球場名命名権の特徴」「MLB 初の黒人選手ジャッキー＝ロビンソンと人種問題」「選手の民族構成の特徴」「スポーツの日米比較」などがあげられる。授業では，ケースバイケースで刺激の一つとして使う。

読者の皆様も，趣味を生徒に工夫して還流してみてはいかがだろう。

国旗をデザインしてみよう
―国旗デザインで地誌を整理する―

.... 髙橋英路

目標

　地誌の学習には静態地誌と動態地誌，比較地誌とがある。静態地誌は地形や気候，産業，生活・文化といった項目ごとに整理して地域の特色を捉え，動態地誌はその地域の特徴的な事象に着目しそれとの関連から他の事象をとらえて地域を学習し，比較地誌は2つの地域の共通点や相違点についてその原因や背景を考察しながら学習する。

　このうち静態地誌的な学習では，すべての項目を網羅的に学習することができるが，単元全体をとおしてメリハリがつきづらかったり，膨大な量の知識を暗記させることになってしまったりする可能性がある。本時は単元のまとめの授業として，項目ごとに学習してきた内容をもう一度整理し，地域の特徴として強調すべき事項を考察させる。国旗をデザインするという平易な活動にすることで，どのような生徒にとっても興味・関心を引きやすいと考えた。また，グループ学習とすることで，他者との協働でより良い考えが浮かぶことを体験させることも狙っている。

授業の流れ

　本実践は「アフリカ」の単元終了後を想定しているが，ほかの地域の学習でも実践可能であるほか，当該地域への関心を引き概要をつかませるという目的で，単元の学習前に実施することもできる。

導入[7分]　任意の国旗を例として提示し，国旗のデザインにはさまざまな意味があることを説明する。

展開1[8分]　ある国に関する分野別(自然環境，産業，生活など)に異なる資料を配付する。生徒には自分に配られた資料をもとに，担当箇所のデザイン(色)を考えさせる。

展開2[15分]　配付された資料の分野が異なる生徒同士のグループをつくり，各自が考えたデザインを共有させ，グループとしてのその国の国旗デザインをまとめさせる。

展開3［10分］　グループごとに発表させる。聞いている生徒には内容や発表の仕方についてメモをとらせる。

まとめ［10分］　生徒自身のグループの考察やほかのグループの発表を踏まえて，当該地域について強調すべき特徴を整理させ，教科書やプリント，ノートに書き込ませる。

■■■**授業展開のポイント**

　本実践では「アフリカ」の学習終了後，エチオピアの国旗デザインを考えるという内容でおこなった。配付する資料の詳しさなどで難易度は調整可能で，実際の授業は中学生対象のオープンスクールでもおこなっていることから，高校1年生の地理初学者から実践可能である。

導入

　まずは国旗のデザインにはさまざまな意味が込められていることを確認するため，任意の国の国旗を示して説明する。本実践では，**図1**のように同じアフリカのケニアの国旗を例として説明した。

図1　授業プリントの例

　アフリカは国家数も多く，正確に位置関係を把握できていない生徒もいることから，国名がでてくるたびに地図帳やプリント上の地図で位置を確認させており，本実践でも，プリント上のケニアに○をつけさせた。生徒の実態によっては，国名のはいっていない白地図にすることもできる。地理の学習ではたんなる用語の暗記でなく，地図上での位置の把握が欠かせないことから，つねに地名と地図との確認はおこなっておきたい。

展開1

　つぎに生徒に**図2**のような分野別の資料を配付する。本実践ではエチオピア

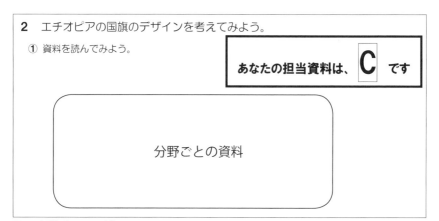

図2　授業プリントの例

の「Ａ自然環境」「Ｂ産業」「Ｃ生活・文化」の３種類の資料を準備し，生徒には
３種類のうちいずれかの資料が配付されるようにする。資料は，生徒がすでに
もっている資料集から抜粋したり，教科書・資料集の水準を超えた専門的な内
容を取り入れたものを自作したりするなど，生徒の実態や資料読解にかけられ
る時間などに応じて調整することが重要である。あまりに簡易な資料では既知
の事実のみで新たな発見がみられないし，難しすぎれば資料を読みこなすこと
ができないまま根拠なく国旗デザインを考えることにも繋がりかねない。また，
本時の目標は考察により正しいデザインに到達することではなく，これまでの
学習内容を整理したり，そのなかから重要と思われる事柄を見出したりするこ
とであるので，正しい国旗デザインに近づけたいとの思いからあまりに誘導的
な資料とならないよう留意したい。

　プリントを配付したら，資料を読み込み，資料の重要箇所に下線を引きその
内容からエチオピアの国旗デザインの構成と，該当箇所のデザイン（色）を考え
てもらうことを伝える。制限時間は８分間であることと，そこまでに一定の回
答を出す必要があることも同時に伝える。本実践では，**図3**の授業プリントの
ように，図のＡ～Ｃのうち，自分がもっている資料に該当する部分のデザイン
を考えることとし，Ｄは全員が自由に考えることとした。なお，掲載したプリ
ントでは，どの生徒でも学習活動に取り組みやすいよう「資料を読む」「重要箇
所に下線を引く」「色を考える」と，作業を細分化して指示している。生徒の実
態によっては，一つの指示を細分化し，どのような学習活動を，どのような順
序でおこなっていくかを具体的に示すことが有効である。

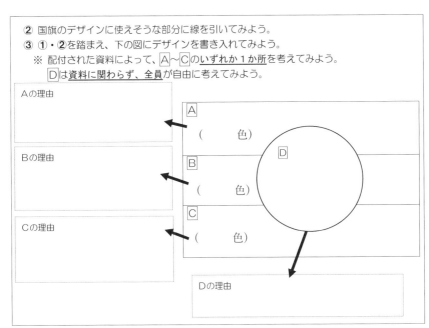

② 国旗のデザインに使えそうな部分に線を引いてみよう。

③ ①・②を踏まえ、下の図にデザインを書き入れてみよう。

※ 配付された資料によって、Ａ～Ｃのいずれか1か所を考えてみよう。

Ｄは資料に関わらず、全員が自由に考えてみよう。

Ａの理由

Ｂの理由

Ｃの理由

Ａ

（　　　色）

Ｂ

（　　　色）

Ｃ

（　　　色）

Ｄ

Ｄの理由

図3　授業プリントの例

展開2

　個人ごとの作業が終わったら、配付された資料の種類が異なる生徒同士でグループをつくる。このときの人数は、ある程度の理解度が期待できグループワークにも慣れているのであれば各資料1人で3人編成も可能だが、そうでない場合は各資料2人の6人編成が無難である。

　グループができたら、個人で考えた成果をシェアさせ、グループとしてのデザインを考えさせる。この際にもまた、生徒同士の関係性などを踏まえた支援が不可欠となる。回数をこなしてくれば、「では、どうぞ」の一言で活動が進むかもしれないが、そうでない段階では、便宜的に班長や発表者を事前に指名しておくとスムーズに進む。例えば、「誕生日が今日から1番近い人が班長（進行）、2番目に近い人が書記（画用紙にグループのデザインを描く）、遠い人が発表者」といった具合である。役割が決まったら、資料Ａの生徒から順に、考えたデザインとその理由を1人あたり1分間で説明させるよう促し、グループ全員の説明が終わった段階で、残り8分程度でグループとしてのデザインを決定させる。なお、デザインのＤの部分については、話し合いで新たなデザインを考えるのは時間的にも難しいことから、もっとも的確だと思うものを選ぶよ

う指示する。決定したデザインは，発表用に画用紙などにマジックで記入させる。教員は机間巡視し，班長がうまく進行できているかを確認する。生徒たちの雰囲気に合わせ，必要に応じて「このアイディアは良いね」といった細かな声がけが有効になる場合もあれば，誘導的にならないよう声がけしない方が良い場合もある。後段のデザインの決定の話し合いの際には，制限時間をみながら「残り○分です」などと声がけするにとどめ，教員が話し合いに過度に介入しないよう留意したい。このようなグループワークに慣れるまではもどかしく感じることもあるかもしれないが，慣れるにしたがって，生徒たち自身で時間を気にしながら話し合いができるようになると考える。

展開3

　グループごとにデザインした画用紙を黒板に貼って，その理由を1分間で説明させる。聞いている生徒には新たに得た知識や複数のグループに共通する事項，発表の仕方を中心にメモを取らせる。発表の仕方については，実践7のルーブリックを参照されたい。

　実際の授業で出されたものとしては，黒色を採用するグループが多かったが，その理由としてはケニアと同様に「肌の色」というだけでなく，「カッファ地方が原産であるコーヒーの色（豆の色ではないが……）」や「多数の民族が共存しており，多くの種類の色を混ぜたときにできあがる色」といったものもあった。

まとめ

　グループの発表が終わった段階で，全体に共有すべき良かった点，誤りがあったところ，補足すべき事項について伝えておきたい。ここでの教員のフォローによって，次回以降のグループワークや発表活動への意識が変わってくるので，ミスばかりを責めるような指摘は控え，内容への評価だけでなく活動への参加態度なども含めて良かった点を拾うことを心掛けたい。そのためにも，グループワーク中の机間巡視での観察を大切にしたい。

　その後，発表を聞いているあいだにメモした内容を参考に，通常の授業で使用しているプリントやノートに加筆したり，複数グループが共通して指摘しており重要だと考えられる事項を強調したりする作業をおこなわせる。また，最後に本時の自分の学習活動への取り組みや理解度について自己評価をおこなう振り返りシートに記入させ，終了時に回収する。なお，振り返りシートについても実践7を参照されたい。

▰▰▰▰ 評価の方法

　グループワークの活動そのものの評価については，積極的に意見を出したり，オリジナリティのある意見を出したりしている生徒に対し，授業内で声がけするなどの形成的評価は可能である。また，発表については実践7でも述べたとおり，ルーブリックによる評価は可能であるので，形成的評価・総括的評価ともに取り入れることはできる。まとめの部分の評価については，ノートやプリント，振り返りシートの回収により評価可能ではあるが，授業の目的は地誌の学習内容を整理することであるから，こうした提出物の評価を優先するか，定期考査などでの当該地域の設問への理解度で評価するのかは，学校事情により変わってくると考える。

【参考文献】
小林昭文・鈴木達哉・鈴木映司著，アクティブラーニング実践プロジェクト編著『Active
　Learning Practice　アクティブラーニング実践：現場ですぐに使える』(産業能率大学出版
　部，2015年)

評価の仕方

市川雅歳

　アクティブラーニング(以下，AL)をおこなっていくうえで，評価をどのようにおこなうかが問題となってくる。評価といっても，テストをおこなって成績をつけることだけが評価ではない。

①自己評価

　AL には生徒自身による振り返りが欠かせない。筆者も，最近は生徒に毎回授業の振り返りをさせている。自由に感想を書かせる欄と，自分の課題への取り組み方を1点から5点で評価する場所を設ける。場合によっては，新指導要領にあるように生徒自身に問いを立てさせるために，わからなかったこと・疑問点を書かせる。また，その日によってとくにこうした取り組み方をして欲しいという明確な取り組み方があれば，あらかじめ取り組み方を生徒に示したりしておいて，それを意識してできたか聞くこともできる。

　例えば，教科書の内容を生徒にまとめさせたときに「わからない言葉をそのままにせず調べましたか？」といった質問を投げかけ，当日の取り組みを生徒自身に評価させる。毎回同じ質問をしておいて，その回の教材が生徒にとって取り組みやすかったのかを判断したり，生徒の取組がだんだん向上してきているのかを知ったりできる。今のやり方を続けるか，やり方を変えるかの判断の材料にもできる。

　AL 型授業は生徒の活動量が増え大変になる(逆にとらえれば学習が進んでいる)ので不満も高まりやすいが，授業の振り返りという公式な場で生徒の前向きな思いを言葉にして引き出しておけば，生徒自身も前向きになっていく。

②教員による評価

　教員による評価は，成績をつけることだけではない。私語や居眠りを注意することも評価である。しかし，教員に怒られなければ行動を正せない，教員のみていないところでは学習に取り組まないのでは，本当の意味での主権者たりえない。AL は自ら考え・自ら行動する生徒を育てるものになっていかないといけない。そこで，AL では，良い行動に対して「いいね」といって評価することで，良い行動をとるように生徒に働きかける。例えば，プリントを渡したら「ありがとうございます」という生徒に，「ありがとうっていえるのは，す

ごくいいことだね」という。そのようなことは当たり前だろと思われるかもしれないが，日常の些細なことができたときに褒める。そのことが，お互いに敬意をはらった関係をつくっていくことにつながり，それが AL をスムーズにおこなう基盤になってくる。

　教員が評価をする前に注意が必要なことは，あらかじめどのような行動をとるのがいいのかを生徒に明示しておくことだ。ルーブリックを作成して生徒に明示できると良い（**図**）。教員の側はコンディションをしっかり整えてきていても，生徒は「今日は先生の機嫌が悪い」と，教員の評価を感情のせいにしてしまうことが往々にしてある。正解不正解がはっきりしているようにみえにくい

地理 A まとめ方のルーブリック				
	4	3	2	1
問いへの答え方	●教科書の該当箇所すべてを見つけたうえで，わかりやすく自分の言葉に直したり，わからない言葉を調べたりしている。	●教科書の該当箇所はすべて見つけられているが，内容をそのまま写している。 ●わかりやすく自分の言葉に直したり，わからない言葉を調べたりしているが，教科書の該当箇所の一部しか見つけられていない。	●教科書の該当箇所の一部しか見つけられていない。内容をそのまま写している。	●教科書をみずにネットで調べている。
色の使用		複数の色を意味がある使い分けをしている。	複数の色を使う。	単色
地図・図の使用		地図・図を適切に使っている。	地図・図を使っている。	地図・図がない。
時間	授業時間内に提出。			時間内にできない。
まとめ方	問いに答えてたうえで，全体のまとめもできている。	問いに答えてたうえで，全体のまとめもしているが，内容が薄い。	問いにだけ答えている。	問いに答えてない。

図　ルーブリックの例

レポートの評価も，評価基準があらかじめ示されていると，生徒も納得しやすい。

③テストによる評価

　今までの一問一答形式のテストで高得点をとる生徒に，授業で教えた重要用語について内容を説明するようにいったことがある。それほど難しい内容でもなかったのに答えられなかったのが，印象に残っている。今までのテスト形式では，生徒の本当の理解力をはかることはできないのではないかと思い，論述によるテストを始めた。入試をめざすような授業でも，統計データが含まれる入試問題を，どの数値に注目してどう解いたのかを説明させるという方法が使える。地理の場合，知識をもっていても問題は解けない。どの知識をどう使って問題を解くかが重要。

　論述問題では，例えば「一人っ子政策とは何ですか？」というような問題を最初のうちは出題していた。これは採点が難しいので，「政策の内容とともに，どの国でなぜおこなわれたのか，その結果起こった良い面と悪い面，現在はどのようになっているか説明すること」というように条件をつけ，それを満たしているかどうかで採点している。解答の方向性を縛ることになるので，良くないのではという意見も出るであろう。テストは学習したものを吐き出す場だけではなく，テスト自体も学びの時間であるべきだと考えている。一つのことを説明するのに，場所や原因，結果，歴史などさまざまなことを，説明しないといけないということを学んで欲しい。

【参考文献】
後呂健太郎・神谷一彦・関谷明典・棟安信博著『すぐ実践できる！　アクティブ・ラーニング　高校地歴公民』(学陽書房，2016年)
「平成30年12月17日　教育課程部会　児童生徒の学習評価に関するワーキンググループ(第12回)　配付資料　資料1　児童生徒の学習評価の在り方について(これまでの議論の整理(案))」(文部科学省ホームページ，https://www.mext.go.jp/b_menu/shingi/chukyo/chukyo3/080/siryo/1411680.htm〈最終閲覧日：2020年10月29日〉)
高等教育局高大接続改革PT「「大学入学共通テスト」について」文部科学省ホームページ，https://www.mext.go.jp/a_menu/koutou/koudai/detail/1397733.htm〈最終閲覧日：2020年10月29日〉)

シンキングツール（ベン図）で考える地理
―既有知識を構造化する試み―

.... 鈴木映司

▰▰ 目標

　地名物産の暗記と思われてしまう「地理」の学習において，得られた知識をわかりやすく可視化し，活用し，新しい発想に繋がる学びとするにはどのようにしたらよいのだろうか？

　バラバラな知識をたんに「一問一答」で答えることができても人工知能・ネット万能の時代ではもう意味はないだろう。日頃の教科学習という枠のなかで，協同作業を通じた新しい価値の創造という目的に向かって，すでに獲得された知識が「整理」され，「新しい視野で関係性を広げる」，そのような授業のデザインはできないだろうか？　このような発想から作り上げた取り組みを紹介する。

▰▰ 授業の流れ

準備　「比較」による考察に適した題材を探す。ここでの学びが活用される場面を想定して問いを立て「ベン図」が描かれたワークシートを1枚準備する。

導入[1分]　問いを提示する。

展開1[4分]　学習単元にかかわる既有知識を呼び戻すためのウォーミングアップとして，ここでは「ベン図」に書き込むための足がかりとなる最小限の知識を生徒全員に共有させる。

展開2[5分]　「ベン図」の作成に取りかかる。使用する図の構造を理解させ，図中A～Dにどの要素を配置するかを決定する。

展開3[5分]　展開2での説明を参考に自分のもっている知識を「ベン図」においたとき，どのようなことがあてはまるかをまず各自で考えさせる。

展開4[10分]　ジグソー法[1]のグループワークにはいる。手順としては，最初に4人1班の探究班で活動させる。その際A～Dに対する担当専門（エキスパート）分野を1人1つ受けもたせる。

展開5[10分]　再度，4人1班の探求班（ジグソーグループ）で考えさせる。そして①～⑯の領域にあてはまる事象を「ベン図」に書込ませる。

展開6［10分］　各班で考察してきたことをクラス全体で共有させるため，作成したベン図を黒板などで全体共有させる。

展開7・まとめ［5分］　基本的に学んだことは自分の言葉で文章化させて共有する。

■ 授業展開のポイント

導入の視点

　シンキングツールにはダイヤモンドランキング(実践4参照)・ピラミッドチャート・ウエビング・バタフライチャートなどさまざまなツールがある。今回はこのなかから「ベン図」を選んで活用した。授業では通常テーマによって2～4要素までのベン図を活用している。今回はBRICSのうち4カ国(南アフリカは除く)であるが，比較する要素は国だけでなく地域や産業などの系統地理で扱う要素でも可能である。知識の欠けている部分を発見し全体像を完成させていくプロセスを通して全体像の形成(メタ認知)を促進するという手法である。作図ができたら終わりではなく知識の活用というステップに向けて，さらに「問い」を立てて，完成させた内容を言語化するという過程を加えた。ここで紹介する手法は章末などで学びの振り返りと整理をするタイミングで役立つだろう。

導入［1分］

　「あなたは，夢がかなって留学することになりました。研究室で一緒に研究するのはA・B・C・Dの4カ国の人です。スムーズな人間関係を築きたいので，事前にそれぞれの国について整理しましょう」という問いを示す。

展開1［4分］

　チームで学習を始めるときは全員がそろって参加できるように最低限度の知識を共有してからスタートしたい。今回授業で扱う4カ国の統計を下のように統計表［Table 1］(**図1**)として提示する(知識の暗記が目的ではないのでヒント

国　名	首　　都	面積（千km2)	人口（千人)	※1人あたりGNI($)	位置
A		17,098	142,098	11,450	高緯度
B		8,515	203,657	9,850	低緯度
C		3,287	1,282,390	1,600	低緯度
D		9,597	1,401,587	7,930	中緯度

［Table1］　(2015)

メモ　上のA〜Dを判断した理由

図1　**4カ国の統計**(『データブック　オブ・ザ・ワールド』二宮書店)

として，既習事項はメンタルマップ化して羅列しておいてもよい）。これらを
参考に教員は生徒にペアワークなどで国名と首都名を答えさせ，そう判断した
理由も述べさせる（ここではAロシア，Bブラジル，Cインド，D中国である）。
展開2［5分］
　「ベン図」（**図2**）に示された4つの国にかかわる①〜⑯おのおのの領域にどの
ような事象がはいるかを考えさせる（国旗カードなどで国旗を掲示し確認しや
すくするとよい）。最初に図中A〜Dの要素（ここでは国名）を配置する。解答
欄［Table 2］（**図3**）の番号で①はベン図の①にはいる事象を示している。ここ
にはA〜Dの共通要素を，その右にある②はA〜Dのいずれにもあてはまらな

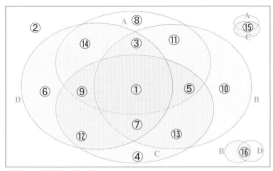

図2　4要素のベン図

［Table 2］	
① BRIC's・鉄鉱石・ボーキサイト・砂糖・卵，自転車の生産，日本より広い人口1億人以上。	② OECD・OPEC加盟国・海に接していない・島国でも内陸国でもない。北米・オセアニア（アフリカ）
③ 豚肉，牛肉の生産，1人あたりのGNI5千ドル以上，夏のオリンピック開催国（モスクワ・リオ・北京）・世界面積トップ5以内	④ ヒンドゥー教・カースト制度・人口密度・耕地率35%以上，オリンピック未開催（メダル少ない）
⑤ 大統領がいる，国名がカタカナ	⑥ 儒教・造船・一国二制度・現社会主義国・一人っ子政策をしていた。
⑦ 牛の飼育頭数・米・大豆・トウモロコシ・天然ゴム・サトウキビ・パイナップル・自動車生産・首都が国内最大の人口ではない。	⑧ 正教会・CIS・高緯度・冬のオリンピック開催国
⑨ 石炭・ジャガイモ・小麦の生産，空母・核保有国（軍事大国）・モンゴロイド・コーカソイド	⑩ 南半球・ラテンアメリカ・MERCOSUR・ポルトガル領・ポルトガル語・バイオ油・カカオ豆生産，水力発電，赤道通過・カトリック・小麦輸入・サトウキビエタノール燃料
⑪ 位置する半球で最大の国・資源輸出国，キリスト教	⑫ 茶・化学繊維生産，羊の飼育，人口13億人以上・マクマホンライン，古代文明の発祥地・人口政策・海外で活躍（華僑・印僑）
⑬ 途上国・人口増加国・天然ゴムの生産・首都が計画都市（ニューデリー・ブラジリア）・識字率かやや低い（92%未満）・大土地所有制が温存している。	⑭ 国連常任理事国，APEC・D気候あり，人口減少国，有人宇宙飛行と月面着陸，ライ麦・甜菜・石油生産，日本と領土問題・旧社会主義と現社会主義国
⑮ 中国と隣接・対中国で一致	⑯ 大陸で最大の人口・中所得国・日本国内に定住者多い・日本に出稼ぎに来ている

図3　解答欄

い事象を答えるというに，左右の欄が相対する並びになっている。

展開3［5分］

展開2で発見した4カ国を「ベン図」のA〜Dにおいたとき，①〜⑯の領域にどのようなことが当てはまるかを各自で考える時間を与える。活動の目標は既有知識の再整理である。自分がもっている知識を「ベン図」においたとき，何があてはまるかをまず各自で考えさせる。

展開4［10分］

つぎにジグソー法のグループワークにはいる。手順としては，まず4人1班の探究班（ジグソー班としての活動）で考えさせる。その際，A〜Dの担当を決めさせる。

続いてA〜Dの専門に分かれて自分の調べる国にかかわることを統計集や資料集などで専門家として調べさせる（エキスパート班としての活動をすすめる）。その際，作業の進展具合を見計らって《ヒント》として調査項目を例示すると作業のスピードがあがり精度が高まった。

《ヒント》の例として「位置」として経度や緯度，「自然」として地形・気候・植生・土壌，「人文・経済」として産業（農林水工商観光サービス）貿易・民族・宗教・言語・政治・国家群・歴史・人口・地域開発・課題などをあげた。

時間が確保できるようなら，さらに発展としてA〜Dそれぞれを受けもつ専門班に分かれて対話させ情報をもちよらせると良い。

展開5［10分］

再度，4人1班の探究班（ジグソー班）に戻り考えさせる。そして①〜⑯の領域にあてはまる事象を自分の班の色の付箋に書き込み模造紙大の「ベン図」に張り付け，書き込ませる。

展開6［10分］

①〜⑯を黒板に記入させる。模造紙を何枚か準備すれば多人数でも可能である。成果をポスターツアーで共有した。掲示しておくだけでもシェアが可能である。この手法は単純な構造なので，他教科・科目でも応用できる。班代表による発表・ポスターツアー・アプリケーション活用などでのシェアをおこなうという方法もある（**図5**・**図6**）。各班で考察してきたことをクラス全体で共有することが狙いである。実際の授業では復習に取りかかる頃の三年生の地誌のまとめとしておこなったところ，この作業によって，学習の抜け漏れの気付きと，新しい発見が多く得られたようだった。

Mission 3

この分析の結果を「言葉にして」確認しておこうと思いました。そこでまず、以下の項目に整理しました。(a 〜 e)の中に国名を当てはめてみよう。

ABCDの 4 国は a(　　　　)諸国と呼ばれている。b(　　　　)と c(　　　　)は 13 億人以上の豊富な労働力と市場に恵まれている。c(　　　　)と d(　　　　)は途上国、b(　　　　)と c(　　　　)は旧社会主義国と現社会主義国、d(　　　　)と e(　　　　)は半球最大の面積の国で資源大輸出国。

【本日発見した事柄や法則】(Ioilo Note のカード　発見・感想は青、質問は黄色)

図4　振り返りチェック

展開7・まとめ[5分]

　基本的に学んだことは文章化させて共有する。学んだことを自分の言葉でもち歩かせたい。学習内容に「抜け漏れ」が生まれていることもあるのでワークシートの Mission 3(**図4**)のような振り返りチェックを班活動として実施させ防止する。ベン図の作成を通じて気がついたことをシェアすることで学習の抜け落ちの気付きと，新しい発見が多く得られる。完成したベン図を掲示させておくだけでもシェアが可能である。この手法は単純な構造なので，他教科・科目でも応用できる。

■ 評価の方法

　実際にこの授業を受けた生徒たちの感想をあげる。

・それぞれの国の特徴だけでなく，繋がりを理解することができた。
・国同士の関係性を探す練習ができるのはとても良かった。
・それぞれの国の共通点を提示するのは難しかった。
・抜け漏れがたくさんあることが分かった。
・今までの知識がまとまった。知識が総括的になった。
・知識のピースが集まって 1 つのパズルが完成し楽しかった。

　評価というと今までの教授方法では定期テストの点数の結果のように，定期間の学習の成果としてどれだけ身につけることができたかという「総括的評価」が重視されてきた。しかし，アクティブ・ラーニングでは毎時間の生徒達の気付きや変容，つまり「生徒達の学びたい気持ち」に寄り添う必要がある。「つぎに生徒が知りたいことを知るため」と「つぎの授業を教師がするため」に授業を受けた感想などを生徒から集めておくことが必要である。

　ベン図を使うメリットは，要素を比較することで特徴をとらえることができ，それぞれの違いや共通するものが多いことを発見できる点，そして，それぞれの要素の特色だけでなくほかの要素との関係性が簡単に認識できる点，さまざ

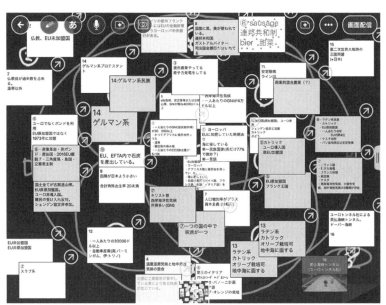

図5　アプリケーション利用の例（ロイロノート・スクールで作成）

図6　板書例

まな視点から考察し楽しく「メタ認知」が形成できる点であろう。

　デメリットとしては，時間がかかる点と難易度が高い点である。しかし，ICTを使えば教室を離れた授業時間外でもベン図作成の時間がとれるうえ，ヒントとして過去の例や他クラスの作品も簡単にみせることができる。

　今回のテーマ以外でも筆者は「プランテーション農業と企業的穀物農業の比較」「オーストラリア・カナダ・ブラジルの比較」「バルト3国の比較」「ヨーロッ

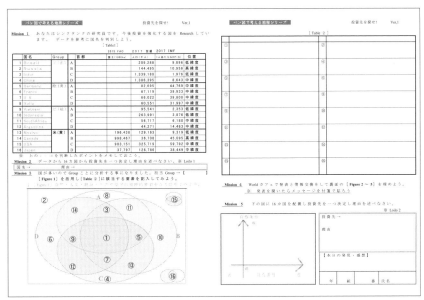

図7　投資先を探せ

パ 4 カ国の比較」などのテーマでもベン図を使った授業をおこなっている。さらにワークシート（**図7**）のような「投資先を探す」という授業によって総括している。

【参考文献】

OECD 教育研究革新センター編著（立田慶裕・平沢安政監訳）『学習の本質：研究の活用から実践へ』（明石書店，2013年）

溝上慎一編『高等学校におけるアクティブラーニング　事例編：アクティブラーニングが未来を創る』（アクティブラーニング・シリーズ 5，東信堂，2016年）

黒上晴夫著『ロイロノート・スクール　シンキングツールを学ぶ』（株式会社 LoiLo, 2019年）

『Career guidance　vol. 404』（リクルート，2014年10月）

『Guideline』2018年10月号（河合塾・全国進学情報センター）

　筆者はこのようなベン図を使った授業例を以下の大会でも発表している。

Cooperative Learning in Far-East Asia and the World: Achieving and Sustaining Excellence IASCE, in partnership with Japan Association for the Study of Cooperation in Education (JASCE), 22-24 March, 2019, *Practical Use of Cooperative Learning, ICT, and Venn diagram in Geography Lessons to Promote High School Students' Understandings of their Area*（在地理課使用合作學習，ICT 及維恩圖以提升中學生對自己所在區域的瞭解）

注

1　1つのテーマをいくつかの部分に分け，それぞれをグループの 1 人ずつが受けもち学習する。その成果を持ちよって互いに紹介し，全体像を協力して浮かび上がらせる手法。

貧困をなくすにはどうすれば良いか

・・ 三上由美子

▰▰ 目標を含んだ単元設計

　授業で大切にしたいことは目標にそった授業ができ，かつ，目標にそった評価ができるかである。そこで次ページに「逆向き設計」論を参考に作成した単元設計（**図1**）を示した。「逆向き設計」論とはカリキュラム設計論であり，3段階で単元設定をする。それは順番に、目標にあたる「求められている結果を明確にする」，評価にあたる「承認できる証拠を決定する」，授業課程にあたる「学習経験と指導を計画する」の3つである。また「逆向き」の意味として，一つは単元末や学年末といった最終的な生徒の姿から遡って単元設計がされることにある。もう一つは，生徒たちが目標に到達できたかをどのように判断するかという評価方法まで授業の前に考えておくことである。なかでも，パフォーマンス課題は評価が難しい。ルーブリックなどを用いた客観的な評価は，できるだけ簡単におこないたい。なお，生徒がパフォーマンス課題に意欲的に取り組むかどうかは「問い」にかかっている。

▰▰ 授業の流れ

　本実践は50分の授業時間を2時間分としている。

【1時間目】

導入と展開1［20分］　貧困の定義とその背景を考えさせる。また，SDGsについて確認する。

展開2［20分］　貧困の基準となりうる「一人当たりGNI」について復習し，支援の必要な国や地域などの感覚をつかませる。

まとめ［10分］　パフォーマンス課題についての説明および制作の準備をさせる。

【2時間目】

導入と展開1［30分］　グループごとのCM制作に取り組ませる。

展開2［15分］　制作したCMをグループで発表し合い，ルーブリックにあてはめながら評価させる。

振り返り［5分］　振り返りシートをまとめさせる。

1 単元名	持続可能な社会に向けて		※単元目標などは新学習指導要領を用いた。
	学習指導要領における「見方・考え方」 社会的事象を，位置や空間的な広がりに着目してとらえ，地域の環境条件や地域間の結び付きなどの地域という枠組みのなかで，人間の営みと関連付けること。		

2 単元目標	単元目標		
	国際理解や国際協力のあり方を，概念などを活用して多面的・多角的に考察し，課題の解決に向けて自分の考えを表現することができる。		

単元目標	観点別評価規準		
	（知識・技能） ・世界がかかえる諸課題について，事象が生じる背景を理解している。 ・諸資料から傾向をつかむ技能を身につけている。	（思考・判断・表現） ・世界がかかえる諸課題について，その形成要因を考察している。 ・「持続可能な支援」について意見を述べたり，自分の考えを深めたりしている。 ・自分の考えについて，根拠をもとにして聞き手を納得させる表現となるよう工夫している。	（主体的に学習に取り組む態度） 世界がかかえる諸課題への「持続可能な支援」について，主体的に学び，他者と協働して社会生活に生かそうとしている。
	【重点目標】（「見方・考え方」） 「本質的な問い」 世界における貧困をなくすにはどうすれば良いか。 「永続的理解」 ・貧困の定義は国や機関によってさまざまだが，絶対的貧困と相対的貧困があり，その原因も社会の仕組みや世代間の貧困の連鎖など多様である。 ・貧困をとらえる一つの指標として１人当たりのGNIがある。 ・諸課題への「持続可能な支援」は，その内容理解が重要である。		【知識・スキル】 ・貧困の定義と原因 ・１人当たりのGNI ・貧困者の生活 ・SDGsの理解 ・支援（ODA，NGO，NPOなど）のあり方

3 評価方法	【パフォーマンス課題】		【その他の評価方法】
	「君たちのチームはクライアントから依頼を受けて，貧困への支援についてのラジオCMを制作することになった。聞き手に何か行動を起こしてもらえるような説得力のある30秒のCMを制作しなさい。」		・振り返りシート ・発表態度や聞く態度 ・定期テスト

4 評価基準	観　点	レベル3	レベル2	レベル1
	コミュニケーション力	自分の考えを表現し，建設的な話し合いを進められるよう，活動を推進している。	自分の考えを表現し，積極的に話し合いに参加しようと努めている。	自分の考えを表現せず，積極的に話し合いに参加しようとしていない。
	内容（根拠と表現）	聞き手を納得させる具体的な根拠があり，行動を起こさせるような主張がある。	聞き手を納得させる根拠に基づいて主張している。	聞き手を納得させる根拠に乏しいか，主張とかみ合わない。

図1　本実践の単元設計

▰▰▰ 授業展開のポイント

　近年，SDGs（持続可能な開発目標）を見聞きしたことのない生徒は少ない。筆者の勤務校では総合的な探究の時間にSDGsへの理解を深めさせ，課題研究に繋げている。よって，本実践は「SDGsとは何か」については割愛している。しかしながら，地理で学ぶことはそのほとんどがSDGsの17の目標のどれか，または複数の目標に関連している。よって，諸課題とその解決のための私たちの行動を結び付けて考えさせたい。SDGsに関する生徒の知識が乏しければ，

時間を割いて解説しておきたい。外務省のホームページや内容を上手にまとめているサイト・動画などをうまく利用すると良いし，あらかじめ生徒に調べさせることも一つの方法である。その際のポイントとして，なぜSDGsは登場したか，SDGsとはどのようなものか，私たちとのかかわりはどうかなどを投げかけておきたい。また，なぜこれらの問題は解決できていないか，どうすれば解決できるか，世界(地域)の人々とどのような未来社会をつくりたいかなど，授業や探究活動における「問い」としても良いだろう。

【1時間目】

導入と展開1

「「食べ物に困っているなら，なぜ太っているのですか？」と問われた人は，どんな生活をしているだろうか」という問いから始める(図2)。

まずは各自に考えさせ，続けて隣同士で考えを述べさせるシンク・ペア・シェア(Think-Pair-Share)の手法を用いる。いくつかの意見を拾い上げ，貧困の定義に繋げていく。貧困の定義は国や機関によってさまざまであり，絶対的貧困と相対的貧困ではその背景が異なる。発展途上国において飢餓が生じるような絶対的貧困と先進国でもみられる相対的貧困のそれぞれの背景について話し

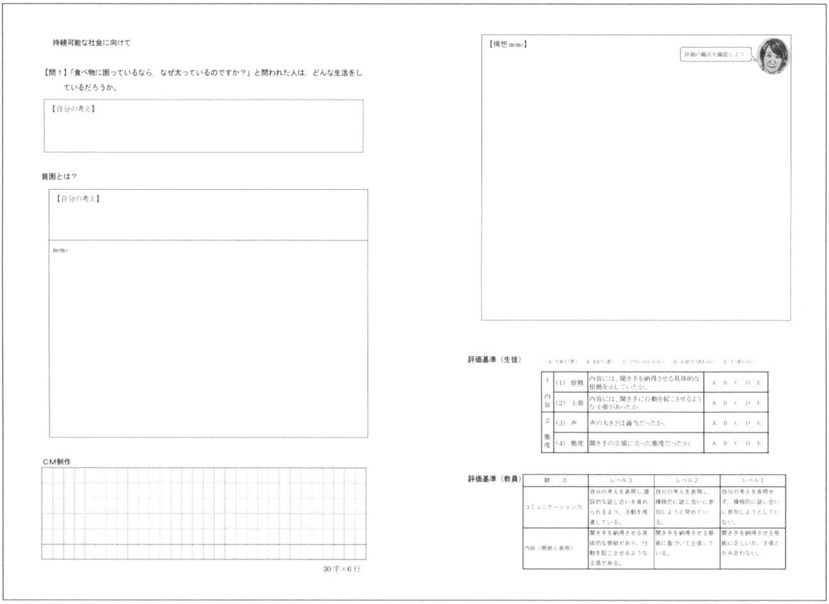

図2　授業プリント

合わせる。このあたりから4人程度のグループに分かれての話し合いとする。SDGsでは「誰一人取り残さない」世界の実現をめざすことから，絶対的貧困と相対的貧困のいずれにおいても持続可能な支援が求められていることを確認したい。

展開2

　貧困の定義は1つではないが，基準があることでイメージしやすくなる。人々の生活レベルを概観する指標として「1人当たりGNI」がある。統計資料集を用いて大まかなデータを掴ませる。ただ，実感として理解してもらうには，具体的な映像や写真が効果的だ。例えば，『FACTFULNESS』（日経BP社，2019年）で紹介されているDollar Street（ドル・ストリート）（https://www.gapminder.org/dollar-street?lng=ja〈最終閲覧日：2020年10月28日〉）は非常にわかりやすくイメージしやすい。そのうえで支援の必要な国や人々を探らせてみたい。あわせてODAについてふれ，日本の援助について他国と比較しながら特徴を掴ませる。

まとめ

　パフォーマンス課題であるCM制作について説明し，構想を練らせる。ラジオCMの聞き手の属性や絶対的貧困または相対的貧困のいずれでも，具体的な対象を絞るかどうかは，すべてグループに任せる。また，この時間は個々に考えるかグループで意見を出し合うかも任せる。1時間目の終わりから構想を練らせることによって，生徒はふとしたときに考えたり，使えるフレーズをイメージできたりする。また，次時までに内容について擦り合わせたりできる。

【2時間目】

導入と展開1

　2時間目はグループ単位でCMを制作する課題に取り組ませる。設定は，「君たちのチームはクライアントから依頼を受けて，貧困への支援についてのラジオCMを制作することになった。聞き手に何か行動を起こしてもらえるような説得力のある30秒のCMを制作しなさい」である。パフォーマンス課題を設定する場合，プレゼンテーションソフト・ポスター・意見文など，どのような方法を用いるか吟味しなければならない。テレビCMなら写真や動画も効果的に相手に伝えることができるし，高校生ともなると動画の編集などは教員よりよっぽど長けている。しかし，Wi-Fi環境が整っていない学校もあるだろうし，写真や動画の場合は著作権の問題や，よりインパクトのある写真や

地理 B【貧困支援】	発表評価票	固有番号	
		氏名	

●以下の質問事項について，あてはまるものに○を付けてください。

〔A 大変そう思う　B まあそう思う　C どちらともいえない　D あまりそう思わない　E そう思わない〕

				GROUP 1	GROUP 2
1 内容	（1）	根拠	内容には，聞き手を納得させる具体的な根拠を示していたか。	A B C D E	A B C D E
	（2）	主張	内容には，聞き手に行動を起こさせるような主張があったか。	A B C D E	A B C D E
2 態度	（3）	声	声の大きさは適当だったか。	A B C D E	A B C D E
	（4）	態度	聞き手の立場に立った態度だったか。	A B C D E	A B C D E

図3　発表評価票

動画に目を奪われ，内容そのものを客観的に判断しにくくなる。その点，ラジオ CM ならば言葉がメインとなるため，グループで話し合いやすく，準備するものも紙とペンがあれば充分である。なお，30秒で伝えられる内容は文字数にすると約150字である。

展開2

　　制作した CM をグループで発表する。発表順はあらかじめリーダーにくじを引かせ決めておく。スクールタイマーとボイスレコーダー(スマートフォンで構わない)があれば，簡単に授業の記録も残せる。筆者はこのようなパフォーマンス課題を年に数回実施する。パフォーマンス課題は評価のためのルーブリックづくりが難しいと思われがちだ。しかし，書籍やネットを利用してそれを真似てみると授業レベルのルーブリックはわりと簡単にできてしまう。級友同士での発表の評価はマトリクス形式を用いる(**図3**)。

振り返り

　　振り返りシート(**図4**)はマトリクス形式の自己評価と授業から学んだことや新たな疑問を記述させる。

▓▓▓ 評価の方法

　　本実践ではルーブリック評価を用いている(内容は図1参照)。

　　パフォーマンス課題を与えたときに思うことは，出来の良し悪しが生徒自身

地理B 【貧困支援】	リフレクションシート	固有番号	
		氏名	

●以下の質問事項について，あてはまるものに○を付けてください。
〔A　大変そう思う　B　まあそう思う　C　どちらともいえない　D　あまりそう思わない
E　そう思わない〕

自己評価	コミュニケーション力	自己の考えを表現できた。	A　B　C　D　E
		積極的に話し合いに参加できた。	A　B　C　D　E
		共感的態度で建設的な話し合いができた。	A　B　C　D　E

●前時と本時でわかったことや新たな疑問を書こう。

図4　振り返りシート（リフレクションシート）

やほかの生徒にみえてしまうことである。もちろん，これは良いことであるが，一方で，例えば，運動が苦手な生徒もいるように，パフォーマンス課題が苦手な生徒もいる。生徒が自分の意見をいきいきと発表したり，周囲をうならせるような成果物を作成したりできることは喜ばしいことだが，同時に「もどかしい経験」も重要であると考えている。生徒個人の知識不足から生じるもどかしさ，伝えたいことが言葉（文字）で表現できないもどかしさ，発表での緊張や練習不足から生じるもどかしさ，質問に答えられないもどかしさなどさまざまあるだろう。しかしながら，このようなもどかしさをマイナスと評価するのではなく，教員側が生徒のもどかしさに寄り添いながら，つぎへの意欲に繋げられる評価となるよう心がけることがもっとも大切だと考えている。

【参考文献】
渡部淳・獲得型教育研究会編『AL型授業が活性化する　参加型アクティビティ入門』（学事出版，2018年）
ハンス・ロスリング／オーラ・ロスリング／アンナ・ロスリング・ロンランド著（上杉周作・関美和訳）『FACTFULNESS：10の思い込みを乗り越え，データを基に世界を正しく見る習慣』（日経BP社，2019年）
奥村好美・西岡加名恵編著『「逆向き設計」実践ガイドブック：「理解をもたらすカリキュラム設計」を読む・活かす・共有する』（日本標準，2020年）

おわりに

　『アクティブ・ラーニング実践集　地理』をお読み頂きありがとうございました。いかがだったでしょうか。お分かりのように，本書は，教育論や授業論ではなく，普段，授業実践している例を純粋に紹介したものです。これらの実践が，何かしら読み終えた読者の方の力となったでしょうか。

　地理を通して学ぶ「知識・技能」「思考力・判断力・表現力」「主体的に学習に取り組む態度」とは，どの様な学習を指しているのでしょうか。

　地理は自然と人間，グローバルとローカルを「繋ぎ」，等質・実質といった要素によって「囲み」，なぜそれがそこにあるのかを「辿り」，未来の可能性を「引き出す」科学です。この「繋ぐ」「囲む」「辿る」「引き出す」コツが授業実践とコラムから発見できたのであれば幸いに思います。

　アクティブ・ラーニングは「「主体的」・「対話的」な「深い学び」」という言葉に置き換えられました。文部科学省はこれを英文で pro-active, interactive and authentic learning（so-called active learning）という言葉で説明しています。「深い学び」は authentic な学びであり「真正」の学びです。

　この授業実践とコラムは，授業を受けた生徒が，そこで得た学びを持ち歩き，活用して，次の学びに繋げるように，皆様が読後，「次の授業に使ってみたくなる，活用したくなる，試してみたくなる」ためのひらめきをちりばめることを目指して作成しました。本書が，読者の皆様の何らかの原動力となって，全国的に地理の授業力が向上し，また教員同士がお互いに刺激し合えるきっかけとなるのであれば，これほど嬉しいことはありません。

　最後に，本書がこうして一つのかたちに成り得たことは，アクティブ・ラーニングや地理教育に携わる全ての方々のおかげだと，執筆者一同，感謝申し上げます。

そして，このような機会をつくり提案いただいた，『アクティブ・ラーニング実践集　世界史』『アクティブ・ラーニング実践集　日本史』の編者である及川俊浩先生や，我々の執筆作業・編集作業に最後まで暖かく尽力頂いた山川出版社の皆様に心から御礼申し上げ，おわりの言葉といたします。

編　者

地理のアクティブ・ラーニングに関するおすすめの書籍・ウェブサイト

●書籍

吉田新一郎・岩瀬直樹著『効果10倍の〈学び〉の技法：シンプルな方法で学校が変わる！』
（PHP 研究所，2007年）

R・J・マルザーノ／J・S・ケンドール著(黒上晴夫・泰山裕訳)『教育目標をデザインする：
授業設計のための新しい分類体系』(北大路書房，2013年)

小林昭文・鈴木達哉・鈴木映司著，アクティブラーニング実践プロジェクト編著『Active
Learning Practice　アクティブラーニング実践：現場ですぐに使える』(産業能率大学出版
部，2015年)

R・リチャート／M・チャーチ／K・モリソン著(黒上晴夫・小島亜華里訳)『子どもの思考
が見える21のルーチン：アクティブな学びをつくる』(北大路書房，2015年)

山本崇雄著『なぜ「教えない授業」が学力を伸ばすのか』(日経BP，2016年)

日本教育工学会監修，大島純・益川弘如編著『学びのデザイン：学習科学(教育工学選書
Ⅱ)』(ミネルヴァ書房，2016年)

長谷川直子編『今こそ学ぼう　地理の基本』(山川出版社，2018年)

千葉県高等学校教育研究会地理部会編『新しい地理の授業：高校「地理」新時代に向けた提
案』(二宮書店，2019年)

前川修一・梨子田喬・皆川雅樹編著『歴史教育「再」入門：歴史総合・日本史探究・世界史
探究への"挑戦"』(清水書院，2019年)

データブック入門編集委員会編『データが読めると世界はこんなにおもしろい：データブッ
クオブ・ザ・ワールド入門』(二宮書店，2020年)

豊田光世著『p4c の授業デザイン：共に考える探究と対話の時間のつくり方』(明治図書，
2020年)

●ウェブサイト　（アドレスについては，2021年2月時点のものです）

「earth :: 地球の風，天気，海の状況地図」 https://earth.nullschool.net/jp/
　　　地球の風や海流，PM2.5などの様子を，縮尺を変えてとらえることができる。例えば，
　　日本における季節風と偏西風の支配状況を，高度を変えることで視覚的に理解させるなど，
　　生徒の理解に役立たせることができる。

「政府統計の総合窓口(e-Stat)」 https://www.e-stat.go.jp/
　　　各府省等が公表する統計データ・公表予定・新着情報・調査票項目情報などの各種統計
　　情報を，インターネット上で利用できる，政府統計のポータルサイト。

「地理院地図 Vector」 https://maps.gsi.go.jp/vector/
　　　国土地理院による地図閲覧サイト。標準地図や白地図，空中写真などさまざまな地図や，
　　作図機能，標高の色分け機能など目的に応じたデザインができる機能をもつ。授業中の生
　　徒への提示にも便利。

「東京大学 CoREF」 https://coref.u-tokyo.ac.jp/
　　　高大接続研究開発センター高大連携推進部門内「CoREF(コレフ)ユニット」によるウェ

ブサイト。学習科学の知見を現場で実装する手法として広く知られている「知識構成型ジグソー法」について理論や授業づくりのポイント・実践例が掲載されている。

「ハザードマップポータルサイト　身のまわりの災害リスクを調べる」

https://disaportal.gsi.go.jp/index.html

　「重ねるハザードマップ」では，各自治体ホームページのハザードマップの内容をまとめて地図に表示してみることができる。「わがまちハザードマップ」では，各自治体ホームページで公開されているハザードマップへのリンクが貼られており，それぞれの自治体の書式でもハザードマップをみることができる。

「Learning Compass 2030」　https://www.oecd.org/education/2030-project/

　OECD（経済開発協力機構）は "The Future of Education and Skills 2030" を掲げ，2030年に向けての教育のあり方を提唱している。求められるコンピテンシーの検討，その育成カリキュラムや教授法，評価などについて紹介され，それが Learning Compass 2030 というかたちでまとめられている。（英語サイト）

「RESAS－地域経済分析システム」　https://resas.go.jp/

　産業・地域経済循環・農林水産業・観光・人口などのカテゴリーについて，政府や企業がもついわゆる「ビッグデータ」を集約したもので，地図やグラフで表現することも簡単にできる。また，このサイトを利用した授業モデルも示されている。

「読売新聞教育ネットワーク」　https://kyoiku.yomiuri.co.jp/

　読売新聞の記事を活用したワークシートが利用できる。学年や教科別に作成されており，毎週新しいものが更新されるため，定期的に活用することもできる。また，出前授業やイベント紹介もあり，さまざまな場面で参考にできる。

編　者

　林　　仁大　はやしじんだい（三重県立津東高等学校）

　鈴木　映司　すずきえいじ（静岡県立沼津東高等学校）

執筆者

　市川　雅歳　いちかわまさとし（名古屋経済大学市邨中学校・高等学校）

　小田切俊幸　おだぎりとしゆき（長崎県立諫早高等学校）

　鈴木　映司　すずきえいじ

　髙橋　英路　たかはしひでみち（山形県立米沢東高等学校）

　林　　仁大　はやしじんだい

　三上由美子　みかみゆみこ（青森県立弘前高等学校）

五十音順，所属は2021年3月現在

アクティブ・ラーニング実践集　地理

2021年3月20日　第1版第1刷印刷　　2021年3月30日　第1版第1刷発行

編　者　　林仁大　鈴木映司

発行者　　野澤武史

発行所　　株式会社　山川出版社
　　　　　〒101-0047　東京都千代田区内神田1-13-13
　　　　　電話　03(3293)8131(営業)　03(3293)8135(編集)
　　　　　https://www.yamakawa.co.jp/　　振替　00120-9-43993

印刷所　　株式会社　太平印刷社

製本所　　株式会社　ブロケード

装　幀　　菊地信義